クローン人間に Yes!

科学による永遠の生命

ラエル 著

MUGENDO

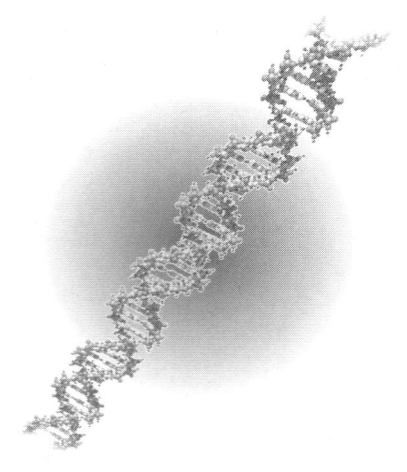

© *International Raelian Movement 2001*

許可なく、本書の一部または全部について、無断で複写・複製することは禁じられています。

本書は、日本ラエリアン・ムーブメントが、国際ラエリアン・ムーブメントの許可を得て日本語に翻訳し、出版したものです。

●クローン人間にYes! / 目次

はじめに ……………………………………………………… 6

序　文

ブリジット・ボワセリエの序文 ……………………………… 10

マーカス・ウェナーの序文 …………………………………… 20

ダニエル・シャボット、心理学教授の序文 ………………… 30

ヒト・クローニング——永遠の生命への扉 ………………… 39

「アラカルト」で子供を作る ………………………………… 61

遺伝子組み替え食品——飢餓の終わり ……………………… 67

インターネット——一つの宗教的体験 ……………………… 72

コンピュータとナノ・テクノロジー——労働の廃止…………83
宇宙探索——「神」という神話に対するもう一つの致命打…………91
電子民主主義のために…………104
clonaid.comに関する真実…………107
生物ロボット…………117
トランス・ヒューマニズム（人間を超えた存在へ）…………124
「エロヒム化」の過程…………141
サイボーグ…………147
新技術と環境の保護…………149
快楽の文明…………152
未来の家…………163
マクロ・バイオロジー（巨大生物学）…………168

目次

結論 176

追記文 185

参照 204

（注）本書に訳出した「新人類」（**new man**）という言葉は、「人類」を表しています。これは男性・女性の双方を性差別なく含み、その語源であるサンスクリット語の「マナ」（**mana**）が、「人」を表しているのと同じです。

はじめに

1974年、私は、異星人エロヒム（注1）との接触のことを書いた『真実を告げる書』（訳注：日本語版も同題）を世に出しました。エロヒムは実験室で私たちを科学的に創造しましたが、私たちの祖先は、それを理解するには原始的すぎて科学には無知でしたので、彼らのことを「神」や「神々」と呼んでいました。本を出した当時、「UFO現象」に対する大衆の熱意のお陰で、私の本と、私の世界中での講演は成功を収めました。

しかし私が、もうすぐクローニングのお陰で同じことが可能になり、永遠に生きることができるようになると説明しても、多くの人は腹を抱えてバカのように笑っていました。彼らは鈍(にぶ)すぎて未来を垣間見ることもできず、自分たちのパラダイム（注2）が死にかけていることも分からなかったのです。

あれから27年の歳月が経ち、ドリーのような羊が何匹か出現したあとで、彼らは笑うこと

はじめに

をやめ、私の宣言したことが現実となったことにギョッとしています。車のギアをより高い方にチェンジして、未来に待ち受けていることを明らかにやってきました。ベビー・ブームの人々は年老いて、じいちゃんブームの世代になりました。

これら古い世代の人たちは、多くの年老いた人たちのように、理解することや適応することができず、やってくる変化を、慣れ親しんだものが失われていくという恐怖感を持って見ています。それに対して、新しい世代の人たちは、新しい技術によって生まれた新しい価値観に全く問題なく適応し、社会の中で自分たちの場所を見いだしています。

5、6歳の頃から、自分のコンピュータをポンポン叩(たた)いて遊んできた若い世代の脳は、木や金属のオモチャしか与えられなかった人たちの、いくぶん萎縮(いしゅく)した灰白質と比べれば明らかに違っています。

「20世紀の人間」、つまり古い世代の人たちは、やってくる世界に完全に適応することができそうにありません。ぐらついている権威にしがみつこうとする老人たちは、新人類へと向かう止(と)めることのできない進化の過程を、規制したり邪魔したりしようとするでしょう。しかし彼らは、それに対してどうすることもできず、時と共に歴史博物館へ、いやむしろ、先史博物館へと追いやられてしまうでしょう。「20世紀のネアンデルタール人」が、この新し

い文明の中でどのように見えるのかが分かれば。

人のクローニングに反対であるということにもなります。ある意味では、これは良いことです。永遠に生き続けることにも反対だということになります。ある意味では、これは良いことです。永遠の生命に反対だったら、彼らは結局、死ぬことになるのですから。そうすれば、科学による永遠の命という贈り物を、絶対に喜んで受け取る新しい世代のために道を開けることになりますし、死にたくないという人たちが、このような新しい可能性から恩恵を受けることができるようになります。

永遠に生きるということが義務であってはなりません。実際、永遠の生命は、それを望む人たちのためだけにあるべきです。落ち込んで人生を幸せに思えない人にとっては、永遠に生きるのは耐えることのできない苦しみです。うつ病の人の中には、75歳という「普通の」寿命を生きる考えにも押しつぶされ、寿命に達するずっと前に自殺をする人もいます。

ですから、自由に選択することができて、決して強制されない永遠の生命という考えは、生きることが幸せな人たちや、人生がもたらす喜びを止めたくない人たちだけを引きつけることができます。

だからこそ、幸せと喜びを教えることが、新人類の哲学のために、非常に重要な点の一つとなります。

はじめに

人生は苦しみと犠牲のためにあると教えられ、育てられれば、もちろんこの「悲しみの谷」から抜け出すために、死を求めることになるでしょう。

逆に、私たちは喜びのために生まれたのであり、周りにあるものはすべて、喜びを引き出したり、大きくすることのできる無限の刺激の源である、と教えられて育てられれば、もちろんこの終わりのない新しい喜びを、永遠に楽しみたいと思うでしょう。

ラエル

(注1)「エロヒム」は、聖書の原典であるヘブライ語聖書の『創世記』に一番最初に出てくる言葉。ヘブライ語で「天空より飛来した人々」という意味を持ち、れっきとした複数形。単数形は「エロハ」——編集部注。

(注2)「パラダイム」(Paradigm) とは、一時代の支配的な物の見方のこと。特に、科学上の問題を取り扱う前提となるべき、時代に共通の思想の枠組み。天動説や地動説。〈『広辞苑』より参考〉

ブリジット・ボワセリエの序文

「いつの日か、人間をクローンすることが可能になり、永遠の生命にも手が届くようになるでしょう。いつの日か、私たちは光よりも速く旅ができるようになるでしょう。いつの日か、私たちは老化をコントロールすることができるようになるでしょう」

それは7年前のことでした。その夜、食事を共にするためにやって来た職場のミッシェルは、エロヒムが地球上の全生命を科学的に創造したことの説や、この地球上で私たちの行動を導いていくべき価値観、将来起こりうること、想像することや夢見ることなどを一気に列挙し、それはたった30分で、私の小さな宇宙に革命を起こしたのです。

その後の一週間のことを、私はどう説明したらいいのでしょう? 私の科学的な厳格さ、罪悪感を与える私のカトリック教育、研究者としての私の好奇心、この新しい理論に対する本能的な情熱、などの間で、私のニューロンは息つく暇もありませんでした。

序文

そこで私は、私の科学的な厳格さを自分の本能に従わせ、数カ月の間、進化論や、過去の文明とその宗教に関する本などを、手当たり次第に読み返して過ごしました。その時に私は、現代科学に対して違った見方をするようになりました。私はその頃、この科学というものに、エアリキッド社の研究所の副所長として日常的に接していました。

本を読み進んでいくにつれて、私の視界をさえぎり、理解することを妨げていた目隠しのことや、既にその7年も前から私たちはいっぺんに、生命の創造者と再創造者になろうとしていることなどが理解できました。

「クローニングや永遠の生命などについて語るラエルのメッセージの本を読むのに、科学者として何か問題はなかったのですか?」という質問に、私はいつも答えなくてはならないのですが、残念ながら答えは「いいえ」です。私には引っ掛かるところはなく、研究者としての論理的な疑問があっただけです。この疑問は、私の化学者としての知識に基づくもので、それは当時の私に、もし1つ、または連続した化学反応による分子の形成時において、それが阻害されることがあるのならば、そこには、この障害を取り除くことの可能な1つまたは、複数の化学物質の組み合わせがあるはずだ、と語りかけていました。

これは、イワン・ウイルマットが、羊のDNAを受精前の他の羊の卵子に導入して発見し

たことからも明らかです。この卵子は、遺伝子コードのDNAを解き放つ能力のある化合物の組み合わせを含んでいて、この化合物は、遺伝子コードを受精卵の遺伝子コードの状態に戻す能力があります。またそれには、細胞分裂を再び開始させる能力があり、これによって新しい受精卵を得ることができます。これを一言で言えば、生き物をクローンする能力があるということです。私が初めてメッセージを読んでから四年後の、最初の哺乳類であるクローン「ドリー」も、このようにして誕生したのです。

ラエルが言うように、私も世の中の確立した権威の意見に反して、クローニングが現実のものになるだろうと発言したのは、私が狂った科学者だからでしょうか？　いいえ、私はただ、目隠しを取り去って、科学者としての厳格さをより良い方向に活用しただけなのです。

同じように、物理学者の測定により、3×10の8乗メートル毎秒の定数だと宣言されている、光の速度があります。地球周辺という条件での測定値が大抵そうだからといって、それを減速や加速させる操作可能な条件はない、と言い切れるのでしょうか？　この限界を、私たちは受け入れねばならないのでしょうか？　この4年間に世界のどの大学においても、科学者たちが、光の速度を変える方法があるはずだと発言し、それが可能なことを複数の実験によって繰り返し示したのは、全く理に適ったことです。

序文

現在、理論家たちが、これらの新しい結果を元に、理論を切り貼りしようとしていますので、新しい理論が出現するのも、そう遠い将来のことではないのでしょうか。しかし、これがまた新しい目隠しとして、広く生徒に教えられることになるのでしょうか？ さらに、その理論が新しい理論に追いやられ、さらにまた優れた理論によって、前のものが同様に追いやられるということが、無限から学ぶことは無限にあるからといって、無限に繰り返されるのでしょうか？ このことが教えられるかどうかは分かりませんが、歴史は今日、私たちが笑ってしまうような間違いが沢山あったことを教えてくれます。

1894年にアルバート・マイケルソンは、シカゴ大学の物理学研究所開設の演説の中で、「物理学における最も重要な事実と法則は、すべて発見されています」と発言しました。これは当時、科学界の大多数の意見でした。そのたった10年後に、アインシュタインが当時の宇宙観に革命を起こすこととなる最初の論文を発表しました。アインシュタインの業績は、多かれ少なかれ、マイケルソンの研究結果に根ざしたものでした。

1933年にノーベル賞を受賞した、イギリスの物理学者アーネスト・ラザフォードは、核分裂が初めて証明された後、しばらくして、「原子によって作られるエネルギーというのは大したものではない。この変換を元に、新しいエネルギー源を見つけ出そうとしている

人々がいるが、そういう人たちは幻想を見ているのだ」と表明しました。アルバート・アインシュタインも彼に同意して、「いつか核エネルギーを取り出すという手掛かりは全くない」と言いました。その12年後に、広島に原爆が投下されたのです。

先駆者たちが、すぐに目隠しを広める側に回ってしまうことが分かるでしょう。このことは、私の特に好きなアーサー・C・クラークの、「卓越した科学者が比較的年老いてきて、何かが可能であると宣言する時、それは多分正しいです。彼が何かは不可能であると言う時は、それはかなりの確率で間違っています」という言葉を思い出させます。

歴史がそれを物語っています。革命的な考えは、すべて「不可能だ」というレッテルを貼られて、先ずは拒絶されるのです。時には、人はそれに「怪物的だ」とか「スキャンダラスな」とかのレッテルを貼り、それがそれ以上進行しないようにして安心するのです。数年後にそのレッテルは、「不可能だ」から、「可能かもしれないけれど犠牲となることも多い」へと変わり、さらには「それは良い考えだといつも自分は主張していた」へと、短時間で変わっていくのです。

革命的な考えに伴うこの法則は、科学のあらゆる分野に当てはまります。私はよく知られている物理学の分野での例を挙げましたが、生物学や医学などの分野でも、その新しいこと

序文

が人間に関わることであり、「神」の概念に関係することであれば、それは大きな波紋を呼ぶので、全く同じことが当てはまるのです。

19世紀の初め、外科での麻酔薬の使用が、比較的に普及してきていました。しかし道徳家は、それが分娩時の痛みを和らげるために使用されることに、激しく抗議しました。「聖書では、女性は痛みと共に子供を産むと書かれてはいないか？　出産時に女性の痛みを和らげるために薬品を投与することは、神の意思に反することなので全く許されないことだ」と。そんなことを意に介さないビクトリア女王（子供を9人生んだ）が、この薬品を使用することを決断してからは、道徳家たちも声をひそめるようになり、この慣習は広まっていきました。

これは、この種の新しいことには必ず神の法を持ち出してくる蒙昧主義に対して、大きな勝利でした。「あなたは神を演じてはいけない」というようなことを言いながら、クローニングに抗議するヨハネ・パウロ2世に関する文を読む時、私は笑いつつも憤慨します。どうしたら、「神を演ずる」外科医たちによって自分の命が一度ならず救われ、彼らがいなければ、もうヨハネ・パウロ2世はこの世にはいないのだということを、彼は忘れてしまうことができるのでしょう？　どうしたら、別のところでは永遠の生命が得られますように

と説教しお祈りしながら、ごく近い将来にクローニング技術が実現して、その永遠の生命に対する当然の欲求を彼は否定することができるのでしょう?

どうして彼は、老化に関する研究に対して抗議することができるのでしょう? 彼の先輩のピエ11世が、スイスの若返りクリニックのポール・ニーハウスによって、羊の胎児の注射を定期的に受けていたのは、あまり、良心が咎めたりはしなかったからということでしょうか?

長寿を強く望むのはとても自然なことですから、必ず研究者たちは、短期間のうちに研究を成功させるでしょう。ラエルはかねてからこのことに言及していましたが、本書の中ではさらにそれが詳しく書かれています。

メッセージと、メッセンジャーであるラエルに、初めて接してから7年が経ち、私は彼を「親愛なる預言者」と呼ぶことにしていますが、彼の預言と教えがもたらす革命の大きさを、さらに強く感じます。

意識的に目隠しを取り除くことを選ぶ時、目に入る風景はなんと感激的なのでしょう。

「ラエルと私たちの創造者たちからのメッセージを教え広めるために、あなたのように没頭する価値はあるのか?」

序　文

と、よく質問されます。私の答えは変わりません。預言者の眼差しから読み取れる愛が、いつも変わりないのと同じです。これはその愛に対する、私の答えの一つなのですが、私はこの革命をもたらすことで幸せです。つまり、クローニングを実際に行う女優として幸せです。私は、この地球を大混乱におとしいれる女優として幸せです。私は、この地球を大混乱におとしいれる女優として幸せです。未来に起こることが分かる時、ラエルが明らかにしたスケールの大きさを理解する時、それを自分だけのものとして持っておくことはできません。私の中には予想もしなかった力と静けさが湧き起こりました。そのことを私は知っています。確かにそれを感じます。うつむくことなく、それを持ち続けています。

生命の科学的創造説は、「不可能」というレッテルを常に貼られてしまいます。地球上の地域によっては、「危険」というレッテルさえ貼られています。この説に伴う科学・社会・政治的な預言は、しばしばスキャンダラスなものと見なされ、預言者自身も彼の先任者たちと同じく、生まれた国ではペテン師扱いにされています。

そういう時も、彼は愛について話し、無限について話し、喜びと意識の世界を夢見させ、達成すべき道を指し示すのです。

過去の歴史が私たちに明らかにするのは、このような革命的な考えが未来を建設するのだ

17

ということです。ですから、私も過去の歴史についてはこの辺でやめにして、自信を持って、選択した未来に向かって行こうと思います。老化というのはいつか過去の話となり、死というのは、回避できないものというよりは、選択肢の一つとなるでしょう。私は、人間がそれを禁ずるのではなく、この変化に上手く対応していくことができるだろうと信じています。

私は今日もまた、新たな事故で小さな子供を亡くしたという両親からの電話を受けましたので、再び私の全精力を傾けて、その遺伝子コードをもう一度表現させるつもりです。

私は、自分の目隠しをすべて取り去ることができるのでしょうか？　私の限界をすべて乗り越えることができたのでしょうか？　私は、それらができたのでしょうか？　私の限界をすべて乗り越えることができたのでしょうか？

しかし、毎日私は、自分にも、私の希望にも、私の想像力にも、私の親愛なる預言者に対する愛にも、彼が代表する人々に対する愛にも、彼が導くことを受け入れたこの地球上のすべての人々への愛にも、限界を設けないようにしています。美しい未来を発見する準備のできた読者の皆さん、「不可能だ」という言葉が、あなたの脳に染み込んでいくままにしないで下さい。それではまた、無意味な過去へ逆戻りですから。

ラエル、あなたが発展させた、この「科学の意識」を、私たちと共有してくれて有難うご

序文

ざいます。いやむしろ、「意識の科学」とした方が良いのかもしれませんが。
あなたにお仕えする、大きな特権を与えてくださって有難うございます。

ブリジット・ボワセリエ（生化学教授）
ラエリアンの科学プロジェクト責任者
クローンエイドの総責任者

マーカス・ウェナーの序文

人類は楽園の入り口に来ています。人の誕生以来、人々はこの日を夢見てきました。しかし、入り口の大変近くに来ているのに、それが見えない人がまだいます。まるで、戦争が何十年も前に終わっているのに、それを知らずに、ジャングルの沼地に隠れている最後の兵士たちのようです。現実は平和なのに、まだ戦争にしがみついているのです。このような人たちは、ラエルがこの本で言っている「新ネアンデルタール人」です。どこへ行くにも、足には時代遅れの価値観という鎖つきの重りを引きずり続け、どこかに問題があることに気づいてはいても、自分がその問題を持っていることには気づかないのです。

でも、私たちはみんな、教育によって作られています。私たちのほとんどにとって、教育は過去のものです。ですから、私たちはみんな未来に道を見いだそうとしている過去の寄せ集めなのです。子供の頃に書かれた古い地図を使って、全く新しい見知らぬ土地を上手く通

序文

り抜けようとしているのです。当然、多くの人が道に迷います！　でも、そうである必要はありません。10代の終わりまでに、私たちの現実に対するものの見方を決め込んでしまう必要はないのです。ピーターパンのように、子供の頃の夢をあきらめる必要はありませんし、想像し、驚きの目で世界を見る力を無くす必要もありません。成長する方法も、黄金を見つけるために地図を新しく描き変える方法を忘れなくてもいいのです。

これこそが、宝島への最後の一歩に必要なことなのです。過去の恐れを持ってしりごみする代わりに、最後の数本の鎖を解き放ち、現在の世界の色々な良い点を見れば、もう私たちは、楽園にたどり着くしかありません。鎖がついたままでは跳ぶことができません。その通り道は、大人にとってはとても狭いために、色々なことに好奇心がいっぱいで、夢を見ることができ、無条件に愛し、想像できる、純粋無垢(むく)な存在である子供たちだけが通れる道なのです。

すべての偉大な哲学者たちが、この日を夢見てきました。古代のギリシャ人から現代の空想家や芸術家まで。「想像して下さい。すべての人が……」。過去、人類は手を使って骨の折れる仕事をし、自然の力に服従し、さらには、圧制の気まぐれに服従しなければなりませんでした。人生で大変な苦しみを味わった数え切れないほどの母親たちや、あなた自身の血の

繋がった祖先たちのことを考えてみてください。薬もなく、保険もなく、明日の食料もあるかどうか分からず、夫が次の日に生きて帰ってくるのかも分からず、隣の暴漢が侵入してくるのではないか、考え方が違うために宗教的な罰を受けるのではないか、そして地主からの罰や、病気のことなどを常に恐れて生きていたのです。氷のように冷たい水で手はかじかみ、安らかに眠れる布団もなく、運が良ければシラミのいる痒いワラの布団（ゴザ）があるだけであり、子供の頃から工場で16時間も働いてきたために耳は聞こえなくなり、いつもストレスに晒されていたために脳に障害を受けていたのです。

つまり現在と比べれば、生活は、無知と恐れと残酷さが入り混じった、精神に外傷を与える苦しみの連続でした。当然、堕落した宗教はこれらの苦しみを立派なものとして、天国への鍵としたのです。人々はその間ずっと、この骨折りと労働の中で希望を持っていました。子供たちはもっと良い暮らしができるだろう、未来はもっと明るいだろう、自分たちの苦しみは無駄ではなく、いつの日か「天国で」報われるかもしれないと。

その天国は、今なのです！　私たちは、祖先の骨折りによる天国の報いを受けているのです。私たちは犠牲という鎖の最後の輪なのです。母親が子供に自分の人生を捧げ、子供は文字通り母親の乳から彼女の人生の最後の輪なのです。母親が子供に自分の人生を捧げ、子供は文字通り母親の乳から彼女の人生を搾り取り、自分の子供たちにそれを受け継がせるのです。

序文

火あぶりになったり、暗殺される危険を冒してまで、私たちに自分たちの夢を引き継がせるためだけに自由を求めて闘った人たち。

どの世代にも、良いものを取り入れ、それをさらに良いものにし、悪いものに対して立ち上がった尊敬すべき人たちがいました。少しずつ、各世代の科学者、建築家、商人、指導者、教師たちが、自分たちの以前の指導者たちから学び、自分自身の小さな貢献を加え(あるいは取り除き)、私たちの世界の基礎を作りました。人類は巨大なトーテム・ポールのようなものです。私たちがエデンの園から消え去った時から今日まで、各世代が、先輩たちの肩の上に乗っています。そして今やっと、私たちの胴体を塵から持ち上げ、頭をその上に乗せ、一息ついて、目から涙をぬぐい去ることができるのです。

私たちの周りにある単純な鉛筆から最も複雑なコンピュータまで、これらすべてのものは、私たちより前に生きて死んだ、非常に多くの人たちの苦労のおかげで存在するのです。現在の人間の自由はすべて、過去に流された血の代償なのです。一人ひとりが最終結果に加えたり、それから取り除いたりしましたが、現在の最終結果はプラスです。今日私たちが生きているのは、長い間の厳しさに耐えて、自分たちの遺伝子が死に絶える前に私たちに伝えてくれた、ディケンズの話に出てくる可哀相な乞食の男の子たちのおかげです。死に物狂いのリ

レー競争のようなものです。あなたの人生を彼らの人生と比べてみてください。私たちが生き残るために心配せずに考えたり、リラックスする時間があるのは彼らのおかげです。特に、人類の良いことのために貢献し、新しいものをもたらしたために社会から軽く見られ、迫害までされてきた人たちのおかげです。それでも、彼らの忍耐のおかげで、今日の状態に何とか引っ張ってくることができました。私たちが入ろうとしており、彼らが夢見ることしかできなかったこの幸せの黄金時代に、より近づいたのです。

非常に多くの革命家や異端者、追放者、その他、時代を先取りしていた所為（せい）で色々とレッテルを貼られていた人たち、その彼らが夢見た時代を、私たちは生きているのです。私たちは彼らのために、最後の一周を走らなければなりません。そうしなければ、彼らの苦しみは無駄になってしまいます。それにもしかしたら、正しい技術を手に入れた時に、人生を進歩のために捧げてきたこのような人々の何人かを、生き返らせようと決めるかもしれませんね。彼らが、天国での来世を楽しむことができるように。まあこれは、また別の話とします。

想像してみてください。人が働かなくても、自動的に食べ物を作ることができる日を。私たちが必要なものは、すべてロボットが作ってくれる世界を。それはつまり、お腹を空（す）かせた小さな子供たちがみな、あっという間に食べ物がたくさん手に入り、オモチャを限りなく

序文

持つことができ、教育を受けられるようになるということです。子供たちはすぐに地球市民として、平等な機会を与えられることになるのです。

さて、あなたはどうなるでしょう？　時間をどのように過ごしますか？

毎日働きに行って、自分の心と体を誰かの利益のために貸す必要がなくなるのです。会社は必要なくなり、通勤する必要もなくなります。その代わりに、数え切れないほどの無料のお店や、ロボット・コックさんが経営するレストランをブラブラ訪れ、沢山の面白い友達と出会い、思う存分食べることができます。一日を音楽や化学を勉強することに使うこともできれば、あなたの記憶を、埋め込み型の記憶素子でアップグレードしたり、あなたの体に美しい羽根を生やしたり、成長したら家を形成する木をデザインして、その種が育つのを観察したり、トンボを好きな場所に飛ばして、その目を使って物を見たりすることもできます。

知性を持った生体物質と、私たちの脳の相互作用とによって、開かれる可能性は無限です。すべてのものが人間の自己実現のために美しく設計され、生産性のために醜くなることはなくなります。コンピュータが基本的に必要なことをすべてやってくれますので、何物にも代え難い、愛すること、想像すること、意識すること、という人間の特性が、最も貴重な商品となり、最大の関心事となるでしょう。

でも、周りのこのような構造上の変化を除いて、あなたの内面の変化はどうでしょう？　上司に何も命令されなくなったらどうしますか？　自分の時間をどのように組み立て、市民としての価値観をどのように満足させ、人生の満足感をどのように得ますか？　現在は職業とお金に基礎を置いていますが、社会で職が無くなったなら、自分が重要だとどうやって感じることができますか？　でも、そうなる必要はあるのでしょうか？　最近、職を失った人々のほとんどが落ち込むのは、まさにこういう理由からなのです。

ここで、あなたの内面の「子供としての心」が大変重要になってきます。私たちのみんなが娯楽の時代に適応し、それを楽しむためには、仕事で自分の重要さを測るという古いやり方を、すべて忘れなければなりません。お金ではもう尊敬を買うことはできなくなり、お金の鎖はもう誰をも感動させなくなり、地位で支配することもできなくなり、年齢でさえ重みがなくなります。重要なのは中身になります。どっちにしても子供は、あなたの着ているものや、会社での地位がどれほど高いか、肌の色などは気にしません。ただ親切であるか、楽しいか、遊ぶことができるかだけを見ます。そのようなことが、私たちが次の世紀に到達する助けとして必要な特性です。

ですから、お金が必要でなくなったら、私たちは、劇や音楽を作って他人に喜びを与える

26

序文

ような、個人の業績から自分の価値を得ることを学ぶでしょう。利益が私たちの社会を牛耳る代わりに、お金の基準となるのは、私たちの活動が自分自身や他人にどのくらいの喜びと満足を与えられるか、というものになるでしょう。

そのようにして、私たちは自分の価値を打ち立て、利益と搾取の代わりに、愛と助け合いが社会の基礎になります。楽しむこと、成長すること、遊ぶことが決まり文句となるでしょう。私たちは子供の頃に戻って、子供のように遊んだり、学んだり、発見したりして時間を楽しむやり方を、学び直さねばならなくなるでしょう。そして何といっても、「見せかけ」や「振りをする」代わりに、ただ「ありのままの自分でいる」時間を楽しむことを学び直さなければなりません。これは理解しやすく聞こえるかもしれませんが、外的人格が、本人が知っている自分自身よりも、他人からどう見られるかを基本としている人たちにとっては、それは大変恐ろしいことかもしれませんし、考え方を大きく変えることを意味します。使われていなかったり、抑圧的な教育によってずいぶん前に萎縮していた脳の特定部分を、再び目覚めさせ、働かせる必要性が出てきます。

また、脳は優先する段階を持っています。脳も、恐ろしい環境にある時は、自動的に生き残りへの環境にある時だけ花を咲かせます。非常に繊細な花であるエーデルワイスは、良い

準備に入り、脳自体が恐怖となります。危険がなく、選択の制限もなく、食べ物が豊富にあり、安全で、愛と自由があると感じた時だけ、脳は愛、調和、創造のスイッチが入ります。この本に書かれているように、いったん技術の進歩が社会に強い影響を与えたら、環境は、新しい人間が誕生するのに十分なものとなるでしょう。

それは、歴史上初めて、地球上のあらゆる場所で小さな幸せの束となって起こっています。何世代も経た って、ようやく報われるのです。子供たちは生まれ、この新しい環境で育てられ、新しい人間として成長しています。この世界を作った彼らの祖先が、古い世界の苦しみによって容貌が変わり、ねじ曲げられた木の根と幹であるとすれば、この新しい世代は実の成った花です。イチジクの実が熟したら良い時期が分かるでしょう。木を揺ゆらせば、実はあなたの膝ひざの上に落ちます。その時期は今です。私たちは楽園の入り口に来ています。目を開きさえすればいいのです。でもまだ、私たちを邪魔している「新ネアンデルタール人」の価値観があります。それは、私たちが宝島へ到着する最後のジャンプを邪魔しています。

本書は、私たちが引きずっている鎖と重りを解き放ち、黄金時代へ入るのを助ける鍵かぎです。

本書の中でラエルは、今日、大変議論の的となっている最近の話題に触れ、それらを十分に取り入れ、私たちを抑おさえている鎖を粉々にするために、ラエル特有の単純な論理と明快さを

28

序文

もって、私たちの進歩を邪魔している矛盾と恐れに外科的なレーザーを当てています。

もちろん、足枷（あしかせ）で繋（つな）がれているという安心感を失い、自由を取り戻すのが怖いということがよくあります。なぜなら、私たちは突然、飛ぶことのできない言い訳を失うことになるのですから。でも、今がその時です。本書は私たちが大きく前へジャンプするために、ちょっと背中を押してくれます。人類が未来を航海し、共に宝島へたどり着くための新しい地図を示しています。

このようにして、大昔から非常に多くの既に死んだ人たちが持っていた、楽園を取り戻すという希望や願いを実現するのです。

マーカス・ウェナー（精神神経免疫学者）

2000年 東京にて

ダニエル・シャボット、心理学教授の序文

科学の時代の預言者

1969年7月のことを思い出します。私は好きなテレビ番組を見るために家に帰りました。でも、この日から数日間は、テレビの番組が全部変更になっていました。地球上のすべての目が宇宙へ向けられていたのです。子供だった私は、月面を歩くという昔からの人類の夢が実現する場面の、生中継のテレビ画面を夢中で見つめていました。当時12歳だった私はその夜、月を見上げて、私たちの惑星の人類があの小さく明るい球の上を、この瞬間にも歩いているのだということに思いを巡（めぐ）らせていました。その日まで私は、科学技術が私たちの生活のすべての面で、革命を起こす時代に徐々に突入しているのだということを、別に意識してはいませんでした。でも、それは始まりでしかなかったのです。

序文

私たちは、現在とても素晴らしい時代に生きています。こんなに短い期間でこれほどの変化を目の当たりにした世代は、いまだかつてありません。過去何年もの間、世代は代わっていっても、私たちの祖先はいつも同じ現実の中で生活してきたのです。子供が生まれても、両親は、子供は必ず自分たちと同じような生活をするに違いないと、信じることができました。でも現在では、全くそれは通用しません。今日では、自分たちの子供がどんな時代を生きるかは、両親には全く分かりません。止まることなく進歩のスピードは上がり、すべてのものは素早く変化していきますので、子供が将来どういう時代に生きることになるのか、見通すことはとても困難です。

今日の子供たちは、インターネット、ビデオゲーム、デジタルテレビなどに日常的に接しています。おじいさんの時代には馬で散歩し、電気もないところで、毎年1月には流感が猛威を振るって死の危険に晒されていた、なんてことは想像すらできないのです。でも、この子供もまた、このおじいさんと同じように、まだすべてを見届けたわけではありません。1969年7月の私のように、さらに驚くべき科学的な出来事が、自分は止まることなく進歩する科学技術の世界に生きているのだということを、実感させてくれるかもしれません。デジタルテレビ、インターネット、ビデオゲームなどは、まさに私たちの生き方や考え方

を変えることに貢献する、技術的な環境を作り出しています。しかしこれらは、今起ころうとしていて、物議を醸かし出そうとしている生物学的な革命とは比較になりません。現に、1997年にスコットランドの発生学者イワン・ウイルマット博士の指導のもとに行われた、羊ドリーのクローニングの発表は大きな波紋を投げかけました。また、現在のヒト・クローニングにまつわる論議に関しては言うまでもありません。

最近私は、自然医学のより「穏やかな」取り組み方に身を捧げるために看護婦の仕事を辞めたという、物腰の柔らかい女性と話をしました。彼女のこの転職も大抵の人の場合と同じく、科学一般と特に医科学に対しての、とても批判的な見方を伴ったものでした。私は会話の中で、将来ヒト・クローニングがもたらす素晴らしい点について触れました。その女性は私に向かって、「私はそれに反対です。そんなことが決して現実にならないといいんですけれど」と言いました。

この女性の姿勢には無理もありません。新しい科学技術を前にして、それに賛成か反対かという角度から考える、大衆の物の見方を反映したものでしたから。まるでそれが、意見に関する問題でもあるかのように。

さらに話を進める前に、メディアは新しい科学を他のニュースと同じように、つまり賛否

序文

を論議するという視点から、扱うものだという点を確認しておきたいと思います。しかし不幸なことに、彼らは科学技術が、その賛否の議論とは全く無縁のものであることを理解していません。まだ浅く、しかし実りに満ちた私たちの科学の歴史は、その賛否の議論が科学技術の進歩においては、正しかったことがないことを私たちに証明しています。電気、自動車、インターネット、試験管での人工授精などを利用するかどうかに、賛否の議論を重ねていたその間にも科学は発展し、進歩し、応用され、洗練され、技術は改良されていきました。

結局、これらの技術進歩はその瞬間から私たちの日常生活の一部となり、私たちはその恩恵に与（あず）かっています。さらには、以前には私たちはどうやって、その技術なしにやっていけたのだろうかと疑問に思うほどです。

それで私は、違った物の見方をしてみることを、この優しい（やさ）女性に勧めました。先ず私は彼女に、それに反対だとして、クローニングは不幸にも現実のものになるかどうかと尋ねました。彼女は「はい」と答えました。私は彼女に、彼女がそれに賛成でも反対でも全く状況を変えることはできずに、結局ヒト・クローニングはよくある、当り前のことにすぐになってしまうのですから、それに対する姿勢を変えることを提案しました。

しかし、毎日やってくる科学技術の革命に直面して、彼女が物の見方や姿勢を変えるため

33

には、新しい生命に関する概念と、世界と自分の存在に対する新しい物の見方が必要です。しっかりと意識しなければならないのは、科学というものは人の行いではないということです。科学は人の存在そのものです。科学の進歩に賛成とか反対とか言うのは、どちらにしても、子供の成長に賛成だ反対だと言うのと同じく、バカげたことです。それは否定することのできないものです。子供は成長し、科学は進歩します。これこそが人間の現実です。子供が学ぶのであれば科学も同様です。ですから、ある新しい科学技術に賛成か反対かを決める無駄な議論をする代わりに、私たちや未来の世代のためにそれによって何ができるのか、どのように私たちの生活に取り入れることができるのか、その利点をどのように引き出して利用できるのか、などと考えてみてはどうでしょうか。

でも、そのためには、私たちには過去のものではなく未来からの手本が必要です。注意深く過去を調べることで私たちに分かるのは、現在と未来との間には全く共通点がないということです。つまり、過去による未来への投影は不可能ということであり、それは後ろを見ながら歩いていても、私たちの前に伸びる道の方角に関しては、何にも分からないのと同じです。

これこそがラエルの触れている点であり、彼がもたらす哲学です。1973年に『真実を告げる書』の中でラエルは、私たちに私たちの科学的な起源に関し

序文

て説明しました。神は存在せず、神秘主義でもなく、他の場所から高度な科学を携えてやって来た存在が、地球上に生命を創造したという科学的な歴史です。私たちは彼らの姿に似せて創られていて、いつかは彼らと同じことをするようになる、とラエルは説明しています。つまり、永遠の生命の秘密であるクローニングを行うこと、人の寿命を10倍にできること、化学的な学習の可能性などと共に、最近始まった様々な素晴らしい成果のことや、目も眩（くら）むほど速い進歩のことなどが明らかにされています。

1975年にラエルは、私たちを創造したエロヒムの惑星へ行き、そこでの様々な驚くべきことを目の当（ま）たりにしました。さらに彼は、私たちが快楽の中で開花していくことができるように、私たちに向けられた教えを受け取りました。また何度も繰り返されているように、科学によって彼の主張が裏付けられることになるだろうと書かれています。そして、これらの本では順に27、25、21年前の日付で記された内容が、毎年、科学的発見によって正しかったことが確かめられてきました。

しかし、彼が科学と宗教を一つにするというこの点こそが、彼の役割の重要な点です。ローマ法王のような宗教の第一人者が、中絶や避妊、同性愛、当然のように遺伝子操作や、クローニングと科学的な生命創造などを非難する時に、ラエルは、それはまだ始まりにしかす

35

ぎず、私たちはさらに科学のおかげで、ごく少数の人しか見通すことのできない変化を経験することになる、と繰り返し述べています。進んだ哲学と精神性のおかげで、ラエルは私たちに楽観的な科学の光をもたらし、うっとりするような未来像をかいま見させてくれます。

1969年にニール・アームストロングが月面に第一歩を踏み出した時に、「人間にとっては小さな一歩だが、人類にとっては大きな飛躍だ(巨人の跳躍だ)」と言いました。この本の中で、ラエルによって為されたすべての科学的「予言」によると、その巨人の歩みも、間もなく人類によって乗り越えられ、そのために私たちの生活は改善されることになると予告しています。ですから、これから続くページに書かれていることを読んで、賛成であろうか反対であろうかと考えるのではなく、またそこで様々な意見を持つことにもなるでしょうが、なぜ書かれているようなことが起こるのか、そして、宗教的指導者で科学について彼のように語るのが、なぜラエル一人だけであるのかを、よく考えてみてください。

ダニエル・シャボット(心理学教授)

2000年12月3日

序 文

ミクロ遠心分離器

クローン研究に携わるブリジット博士

クローン研究のための器機

ヒト・クローニング――永遠の生命への扉

人のクローニングはまだ初期の段階にあります。現在のところ、クローンされた細胞は母親のお腹の中で、通常の妊娠のように9カ月間育てられなければ、赤ん坊にはなりません。

そして、通常の方法で成長しなければなりません。

この点では、それほど常軌を逸したことではありません。実際、自分の双子の兄弟や姉妹を、自分より数年後に持つのと変わりません。あなたの遺伝子コードのサンプルを採って卵子の中に導入すると、あなたの双子ができるだけです。

もちろん、この双子はあなたとは全く違った教育を受け、人生経験も違いますので性格は異なってきます。あなたの双子がクローンされて中国人の家庭に生まれたら、大きくなったら明らかに、フランス語ではなく中国語を話すでしょう。そしてあなたよりもずっと上手に、箸を使ってご飯を食べることができるでしょう。

しかし、誕生後に別々に育てられた双子についての研究の結果、細かい点は違っていても、基本的な個性は2人とも同じままだということが分かりました。食べ物の好みや、好きな本とか色、パートナーの好みまでが一緒なのです！　それらについてはすべて後述しますが、個性と知性は、遺伝以外の何物でもないということが、科学的発見によって確かめられています。

ヒト・クローニングの次の第2段階は、成長過程促進技術〈accelerated growth process〉（略称AGP）を使って、人間をいきなり、肉体的能力が最高時の15歳から17歳の間の、大人の体へとクローン（複製）することです。

このようなクローンは、肉体のコピーに過ぎません。コンピュータのハードウェアや空のカセットテープのように、記憶も個性も持ちません。

私は、エロヒムが、私の額から採った細胞を巨大な水槽のような機械に入れ（注：日本語版『真実を告げる書』第2部を参照）、数秒で私の完璧なコピーを作るのを見ました。

第3段階では、既に日本で進行中の技術である、人間の記憶や個性をコンピュータにダウンロードする技術が必要となります。

体が死んだ後でもコンピュータの中ではいつまでも存在し、環境と交流することができる

40

のです。このコンピュータにカメラやマイクがついていれば、スピーカーを通して友達と話すこともできますし、昔ながらの友達と思い出話もできます。仮想世界で一緒に遊ぶこともだってできます。

さらに、一時的にコンピュータにダウンロード、というよりもアップロードして、知識を得たり、仮想訓練の場で何かを学びたいと思うかもしれません。そうすれば、元の体に再びダウンロードすれば、新しい技術や情報をプラスして持つことができます。

ですから、クローニングの第3段階の場合は、個性や記憶をコンピュータにダウンロードする代わりに、クローンしたばかりの自分の若い体に直接入れるのです。これは単に、ソフトウェアをハードウェアに挿入するだけの話で、私たちはすべての記憶と個性を維持したまま、若い体になって目覚め、もう一つの人生を生きることになります。そして、新しくクローンされた体から、また新しい体をクローンするというように、永遠に繰り返すことができます。

エロヒムはこのようにして永遠に生きています。だからこそクローニングが、永遠の生命への鍵となるのです。

ヒト・クローニングに反対する人たちの言い分は、非常にバカげています。これについて

ヒト・クローニングによって、人口過剰の問題がさらに悪化する？

実際、クローンエイドに問い合わせてきた人の数を見れば、顧客となり得る人の数は、世界でおよそ1万人しかいません。彼らのほとんどは、他に治療法を見つけることができない不妊問題を抱えた家族です。

注目して欲しいのは、自然に生まれる赤ん坊の数は、1時間に1万4000人以上いるということです。つまり、毎年1億2000万人の人口が増えているのです！　クローニングによって1万人の赤ちゃんが増える、つまり年間の誕生率の100分の1パーセントにも満たない数が増えたところで、自然による誕生が既に全く抑制のきかない状態である現在、どんな違いが生まれるというのでしょうか。

人口過剰問題を本当に解決したいのであれば、一家庭が持てる子供の数を制限することか

ら始めるべきです。これは、大変賢明に中国が実施してきたことです。1人の人が子供を1人しか持たないことになれば、人口は安定します。

皮肉にも、ローマ法王はいまだに避妊や中絶を強く非難しています。そういうことをしている法王は、1万人のクローンの赤ちゃんよりも、ずっと人口過剰に責任があります。どうして、不妊の家族が赤ちゃんを1人持つ権利を否定できるのでしょうか？　カトリックの家族には、10人以上の赤ちゃんを持たせることを許しておきながらです。これこそが、人口過剰の本当の犯罪者です。クローニングは関係ありません！

ヒト・クローニングは生物的多様性を減らす？

60億の人々が自然に子供を持つ方法を続けていけば、たった1万人の不妊の夫婦が子供を1人持ったとしても、世界の生物的多様性が減少することはないでしょう。世界の不妊症ではない夫婦、それは世界人口のほとんどを占めますが、彼らは愛を交わして従来の方法で子供を宿し続けるでしょう。

仮に、私たちの生物的多様性を守るのだと訴える、このネジ曲がった論理を続けるのならば、双子や3つ子を宿している母親全員に、中絶を強制しなければいけないのではないでしょうか？ 最近、イタリアの女性は8つ子を産みました。遺伝的に同一の子供が8人です。そしてみんながそれを祝っています！ しかし、その8つ子がクローニングによって生まれていたら、みんなは怒っていたでしょう！ なぜこのような不公平が起こるのでしょうか。

なぜ、偶然の結果で生まれた子供たちが、科学的に計画されて作られた子供たちよりも尊敬されるのでしょうか？

とは言え、同じ遺伝子コードを持つ人の数を制限することは望ましいです。生物的多様性を守るための賢い規則としては、同じ時代に生きる同じ「型」の人間の数を1人、あるいは多くても、双子のように2人に制限するというのがあります。エロヒムはそのようにしています。

しかし、そのような規則は、あらゆる数の多産にも当てはめなければなりません！ 同じ遺伝子コードを持つ人が2人以上いることが違法だとしたら、双子だって違法ということになります。その母親は、双子の1人を中絶することを強制させられるべきなのです！ 自然に生まれた双子を認めるのなら、クローニングで生まれた双子も認めなければなりませ

ん。不公平があってはいけないのです。

双子を認めるとしても、同じ疑問が3つ子、4つ子、それ以上の多産についても出てきます。そして、余分な子供たちは中絶を強いられなければならなくなります。代わりにクローニングの数を、「自然の」双子に認められるのと同じ数に制限することもできます。8人としましょうか。ちょっと多いようですが。しかし、大事なことは、クローニングによって生まれる子供たちの数を制限するどんな規則も、自然に生まれる子供たちにも同じように適用するべきだということです。さもなければ、差別になります。

クローニングは怪物を作り出す？

クローンの子供たちは、歴史上のどんな子供たちよりも、受胎の時から厳しく監視されるでしょう。現代の遺伝子医学によって私たちは、受胎後の最初の数週間で、胎児がどんな異常もないかどうかを確認することができます。

「自然な」方法で身ごもられた怪物が毎日生まれているのに、今のところ、性的な生殖につ

いて反対する人はいません。最近、接着双生児の1人を、もう一方の1人を助けるために犠牲にしなければならない、というニュースが世間を騒がせました。結局は、裁判所が両親の「神の御心のままに」という望みを却下し、1人が生き残るためにはもう一方の1人を犠牲にするべきだ、との判決を下しました。

この腰の部分が接着した双生児が、クローニングによって生まれていたなら、全世界はすかさず、「クローニングによって作られた怪物を見よ！」と言ったでしょう。特に、1人が生き残るために、もう一方の1人を殺さなければならないのですから。しかし、この双子の姉妹は自然に受胎されたために、それほど誰も顔色を変えませんでした。

怪物と言えばほんの数例ですが、アドルフ・ヒトラーもジョセフ・スターリンも、クローニングによって生まれたのではない、ということに注目したら面白いです。

事故で死んだ人のクローンとして生まれた子供は、成長して自分が誰かの身代わりだと知ったら、幸せではなくなる？

上手く育てば、子供は、自分の幸せは他人から愛されるよりも、自分自身を愛することにあると学ぶでしょう。子供を亡くしてからすぐに、自然の方法で次の子供をもうける夫婦は、これまでにどのくらい存在したでしょうか。それでも、前の子供の後に生まれたからといって、次の子供の幸せの可能性を疑う人はいません。

一方で、口汚い両親を持ったり愛のない育てられ方をしても、バランスが取れて調和的な人生を持つ、素晴らしい人になった子供が沢山います。反対に、愛に囲まれて育てられながら、今では麻薬をやったり、悪事を働く人になったり、自殺をしてしまう子供が沢山います。ヒトラー、スターリン、あるいはナポレオンは、両親から多くの愛を受け、大変幸せな子供時代を送ったようです。

私たちは、クローンの子供を育てる方法を選ぶことができます。子供に真実を話すこともできますし、話さないこともできます。多くの「普通の」子供たちが、片親が遺伝的に本当の親ではない家庭で育っています。養子の場合は、どちらの親も生物学的に本当の親ではありません。その場合、本当のことを話す親もいれば、まだ赤ん坊の頃に養子にした場合は特に、本当のことを話さない親もいます。でも、養子にされた子供たちの気持ちは同じです。大事なのは、誰が生物学的に本当の親なのかということではなく、誰が自分を愛してくれた

のかなのです。「遺伝的に」本当の親と再会して喜ぶ人たちもいるでしょうが、自分を本当の家族として養子にしてくれた人たちのことを、忘れることはありません。それが愛です。

クローニングが合法化されたら、政府はクローンの兵士を使って優(すぐ)れた軍隊を作ってしまう?

まだこのようなバカげたことを信じている人は、20世紀の脳、すなわち先史時代の脳を持っているということになります。イラクやコソボなどの現代の紛争を見れば、何千何百という能(よ)く訓練された兵士も、現代的技術の前では無力であることが分かります。この技術を使って、国際連合軍を率いるアメリカは、1人も地上で戦わせることなく敵を潰(つぶ)してしまいました。実際これらの紛争で、アメリカの兵士は1人も戦闘で死ななかったのに対し、敵側は数千人もの死者を出しました。もう一つ注意したいのは、アメリカには徴兵義務はありませんが、イラクやセルビアにはとても長い期間の徴兵義務があります。それにも拘(かかわ)らず、イラクやセルビアは、彼らの追跡システムから逃避できるアメリカのステルス航空機や、針の穴ほども正確に目標に達することができるミサイルに、触れることさえできませんでした。

この技術では、1000人のアメリカ人のパイロットがいるだけで、地上にいる何百万人もの通常の兵士を一掃することができますので、優秀な軍隊を作る目的で兵士をクローニングするという考えを持つのは、全く時間の無駄です。

クローンの子供は寿命が短くなる？

クローニングの過程で70歳の人の細胞を使えば、既に70歳の細胞を持つ赤ん坊が生まれると誤解して、信じている人がまだいます。この理論は間違っています。しかし、たとえそれが正しいとしても、10カ月の赤ん坊をクローニングする場合は問題ありません。85歳の寿命から10カ月を引いても取るに足らないことですから。

ドリーが誕生した後、世間は、短めのテロメアによってクローンは早く老化する可能性がある、という噂で持ちきりでした。でもしばらくして、ドリーはまだ生きており、正常に生殖ができ、平均寿命も同年代の他の羊と同じであることが分かりました。その後のクローニングの実験で、クローンはテロメアの長さに違いを持たないと証明されました。さらに、ハ

ワイ大学の最近の研究で分かったことは、7世代後でもクローンのテロメアの長さは短くならないばかりか、場合によっては、これは科学者たちも説明できないでいることですが、いくつかの細胞が本来よりも若くなっているということです！　私たちはまさに、永遠の生命の秘密に大変近づいてきているのです！

クローニングは自然ではない？

それは抗生物質、心臓マッサージ、移植、輸血、歯の詰め物、そして毎日多くの人々に行われている、数え切れないほどの医学的介入や治療なども同様です。

でも、まぎれもなく自然なことというのは、病院や衛生という考えもなく、平均寿命が35歳を越えない国々で、90パーセントの小さな子供たちが常に死んでいっていることです。「自然派」を自称する人の中で、自分のあなたは、本当にそれを望んでいるのですか？　子供や死にかけている母親を、医療が提供できる最も進んだ技術で治療することを、拒む人はいるのでしょうか。

自然ではないという理由でクローニングに反対し、私たちを「子供をクローンしようとしているカルト」と呼ぶ人たちは、同じくエホバの証人たちが輸血拒否することを非難しますが、クローニングに対する人たちの反応は、彼らと同じように科学を拒んでいることになります。

未来の世代に場所を空けるために、死ぬということは当たり前である？

何の権利があって、未来の世代の方が、今の世代よりも重要であると言うのでしょうか。

生きる権利というのは、どの文化でも神聖なものと見なされています。寿命を延ばすことができたり、永遠の生命を持つことができるようになったら、何を根拠に、何歳でこの神聖な生命の尊重というものが終わりになるというのでしょうか。

もしも、不幸すぎたり惨 (みじ) めすぎたり、病気やうつ病の人がいて、永遠の生命を欲しいと思わないとしたら、永遠の生命は決して、その人たちに押しつけるべきものではありません。

私の講演会でよく言うように、「死にたければ、死んでください。そうすれば、生き続けたい人たちに場所を明け渡すことになりますから」。永遠の生命は、それを望まない人に強制するべきではないのです。

うつ病の人に永遠の生命を与えることは、サディズムと同じです。そういう人たちのほとんどは、新しい毎日が精神的に苦痛なのです。だからこそ多くの人が自殺するのです。

永遠の生命は個人の選択の問題であって、決して強制してはいけません。

一般の人々にアンケートを取れば、ほぼ確実に、大多数の健康な人々は永遠に生きたいと望むでしょう。

もちろん、年齢と共に能力が衰えた年寄りや、弱った人が死にたいと思うのは全く自然なことです。弱って多くの痛みに苦しんでいる人に、永遠の生命を楽しむことなど、どうして期待できるでしょうか。でも、病人を治癒し、老人に若さを取り戻させれば、彼らはもう、死にたいとは思わなくなるでしょう。

実際、ほとんどの老人は、運動したり、薬を飲んだり、やれることをやって、できるだけ長生きしようとします。死にたいと思うには、人はよっぽど落ち込まなければなりません。体は健康なのに死にたいと思っている人（多くはないでしょうが）は、先ずうつ病を治療し

てもらうべきです。そうすれば必ず、もう死にたいとは思わなくなるでしょう。

それでも、歳(とし)を取っていようが若かろうが、肉体的あるいは精神的な苦しみがあまりにも大きく、耐えることができない場合は、死ぬことを選ぶ権利を尊重すべきです。これは安楽死の問題になってきます。つまり、苦しみを治療できない時、尊厳を持って死ぬことを選んだ人を助ける権利です。私はそれを、肉体的と精神的の両方を強調します。バスク人の国では、素晴らしいことに安楽死が合法化されました。でも残念なことに、この特権は、治療できない肉体的な苦しみを持つ人だけに限られています。まるで、精神的な苦しみはあまり重要ではないかのように…。

重症のうつ病の人は、骨のガンの人と同じくらいに苦しんでいます。苦しみの場所が違うだけなのです。

肉体的な苦しみに比べて、治療不可能な精神的な苦しみを取るに足らないものとする考えは、精神的な苦しみよりも肉体的な苦しみの方を特別扱いとする、時代遅れの医療システムに基づいた弁解のできない差別です。

安楽死は、肉体的なものであろうと精神的なものであろうと、治療できない苦しみを持つ人々に対して、すべて許されるべきです。

永遠に生きる権利と、死ぬ権利は、個人の選択の自由を尊重する現代の社会においては、相伴っていくものです。

永遠に生きることは、想像できないほど退屈に違いない？

そのようなことは、既に退屈している人だけが言う台詞です。いつも新鮮な、沢山の喜びに育まれた情熱を持って人生を愛する時、決して退屈になることはありません。

いつかジャーナリストが、私にこう言いました。

「いつも同じ人ばかりに会って、とても退屈になるでしょうね」

現在60億の人間がいます。ある人と知り合いになるには、少なくとも1時間は話をしなければならないとします（自分の興味のある人とは、もっと長い時間になります）。また、他のことでも忙しいため、運が良くて1日に出会える人は3人とします。とすると、1年間に1000人の新しい人と出会うことが可能ということです。

現在の平均寿命である80年で、家族と過ごす10年間を除けば、7万人に出会うことができ

ます。ですから、「普通の」人生では、たった7万人にしか会えないのです。つまり、地球に現在生きている人の、ようやく10万人に1人を越えるかというくらいです。

でも、現在と同じ人口の中で永遠に生きることができるとしたら、現在の地球人口の半分の人と出会うには、300万年かかることになります。

それに、その人たちの全員と会い終わる頃には、最初に出会った人たちのことはすべて忘れてしまって、再び、その人たち全員と会うことから始めなくてはならないのは間違いありません。

でも真面目な話で忘れないにしても、何世紀も経てばその人たちも変化し、全く別の人となってしまうでしょう。

実際、これはエロヒムの教えの中でも興味深いものの一つです。これはまた、仏教の教えにも反映されています。曰く、「同じ川に2度と入ることはない。なぜなら、2度目には水が変わっているから」。私たちも同じです。私はこう言います。「同じ人に2度と会うことはありません。なぜなら、お互いに常に変化しているのですから」

だからこそ、私たちは同じパートナーと大変長い間生活しながら、永遠に愛し合うことができるのです。それは、相手をいつも新しい目で見て、相手が成長する中での絶え間ない変

化に常に気づき、驚いていられる意識を持つ場合にですが。

同じ人といつも会っていて飽きてしまう？ とんでもありません！ これは活動にも同じことが言えます。同じ日の出は2度とありません。たとえ日の出が同じだとしても、私たちは生きていて変化していますから、日の出を違う視点で見るでしょう。だから、永遠に生きることで、退屈することは決してないのです。

退屈は私たちの内面からやってきます。それは環境からでもなく、長生きすることからでもありません。あまりに退屈で、20歳になる前に自殺してしまう人がいます。一方では、永遠に生きながら、存在することに大きな喜びを持ち続ける人もいます。

でも多分、存在することを十分に味わうには、私たちの「所有」と「知識」の文化を、「有りのままでいる」文化に変える必要があります。そして私たちの社会の精神的指導者の成長と教えを奨励し、彼らを「危険な教祖（guru）」とか「カルトの教祖」として中傷するのを止めることです。

「教祖（guru）」という言葉は、「悟らせる、生きている一瞬一瞬に驚くことを教える」という意味のサンスクリット語です。私たちが、生きているあらゆる瞬間に驚く時、それを終わりにしたいとは思いませんし、永遠に幸せでいる準備ができています。

マスコミによって故意に広められる恐怖心

では、ヒト・クローニングについて話をする時、人々はなぜ恐れを抱くのでしょうか。先ず理解しなければならないのは、大衆の意見は、少数の人たちによって操作されているということです。私たちはその少数の人々に、ある種の倫理的権威を与えてきました。大衆のほとんどが、その人たちの視点に既に興味を持っていないとしてもです。

一方マスコミは、大衆を怖がらせるための権威の声として、そのような人々を利用する必要があります。そうすれば、より高い視聴率や売り上げが保証されるからです。

戦争、犯罪、醜悪、スキャンダルなどは、単なる良いニュースよりもずっと売れます。ですから、マスコミの興味は、狂乱を煽り、全くの嘘までもどんどん書かせることにあります。ルーマニアのティミソアラの虐殺では、犠牲者の数を増やすというようなことをしています。本当は数十人の犠牲者だったのが、記者によっては何百人、さらには何千人と誇張されました。正直な記者が本当の数を書けば、厳しく注意され、嘘でも他の記者と同じように何千人

もの犠牲者と書かなかったということで、修正論者と呼ばれるでしょう。

最近のインターネット上での公開討論会、たとえばBBCによる討論会では、非常に多くの人々が、ヒト・クローニングに賛成していることが分かります。

でも、マスコミはそれを書きません。

マスコミはいつでも、それについては少しも理解することのできない、過去の時代から来た少数の保守的な人たちの意見を書きます。

例えばローマ法王は、あらゆる進歩に反対である、カトリックの長い伝統には常に忠実です、と。

バチカンが、新しい発見をすべて非難してきたことを忘れてはなりません。地球が宇宙の中心ではないと証明した、コペルニクスやガリレイを有罪にしただけではなく、ジョルダノ・ブルーノは他の惑星にも生命がいると言ったために、火あぶりにされました。また、最初にフォークを使って食べた人たちは破門にされました。食べ物は「神の」贈り物であるから、手でのみ触るべきだと。蒸気機関や電気などもそうですし、避妊や中絶については言うまでもありません。

マスコミは、これらの立場の意見は取り入れますが、他の宗教の意見については書きませ

ん。実際、クローニングに賛成することを決めたラビや、イスラム教、仏教の指導者がいます。でもマスコミは、それについては何も書いていません。

端的に言えば、これらのイスラム教やユダヤ教の宗教的指導者たちは、「神が人間にこのような技術を発見させ、使わせることを許すなら、それは神の意思である」と言っています。全能の創造者である神を信じない仏教の指導者たちは、クローニングは「良いカルマ」だと言っています。つまり、クローニングによって、「魂」を再生するチャンスがもう一度与えられるのだと。

それでもマスコミは、ローマ法王の声明だけを書いています。

ですから、私たちは、1つの方法で物事を見ることしか許されていません。社会を統一しようとする傾向があります。違いを見えなくし、まっすぐな狭い正常の道から外れるすべての人を、極悪非道の怪物と呼ぼうとしています。同じ非難が宗教的少数派に投げられ、彼らは「セクト」とか「カルト」と呼ばれています。みんなが同じように考え、同じものを信じ、同じものを買わなければならないのです。

でも、幸運なことに、インターネットによって世界的に考えを交換することができるお陰

で、異なる考えの権利を守るために闘っている人たちは、今、自分たちが一人ではないということに気づいています。

「アラカルト」で子供を作る

生まれる前に、両親が子供の特性をある程度選ぶことは既に可能です。男の子か女の子を選ぶことができますが、そういう選択に、反対票を入れた方がいいと思っている国もいくつかあります。

しかし、もうまもなく、子供のあらゆる特性が選択できるようになり、実際に「アラカルト」で赤ん坊を持つことができるのです。

これに反対する人の言い分はバカげています。

現在のところ、それはすべて運に任せられており、まだそういうことを信じている原始的で迷信深い人々は、それを「神の意思」だと言っています。

結果として、そのような家族は遺伝的に障害を持った奇形の子供を産み、その子は一生苦しみ、寿命は大抵とても短く、その子の世話は社会にとってとても大きな重荷となります。

61

でも、このような苦しみはすべて、簡単に避けることができたのです。健康な子供だけが生まれるようにする方法を既に知りながら、一生苦しむことになる子供が生まれるのを許すのは、人類に対する犯罪です。

そういう人たちは、「クローニングによって子供を作ることは、本当に望まれた子供とはならないので、子供の精神のバランスの点で危険である。私たちは自分の喜びのために子供を持つべきではなく、新しく生まれる人間の幸せのためにそうするべきだ」と言うのです。未来の人間に対して愛と思いやりに満ちたことを言う同じ人が、その子の健康に関しては何の配慮もしないのです。いきなり、自然に任せた方が良いと言い始め、遺伝的に障害のある子供ができることを防ごうとしないのです。しかし、クローンされて障害もなく生まれるよりも、片方の腕や足がない状態で生まれる方が、ずっと深刻です。

そういう人たちが、未来の子供の性を選ぶのを拒むことも矛盾しています。男の子を望んでいる家庭が代わりに女の子を持てば、その子は拒否されたり虐待されたり、残念なことに、いくつかの国で起こっているように、売られたり殺されたりするかもしれないのです。世界でそれほど野蛮な失望的表現をしないもっと文明的な国でも、そのような感情が、子供の調和的な発達に影響を与えるかもしれません。

「アラカルト」で子供を作る

家族に子供の性を選ばせることで、生まれてくる子供の将来を心配してやるということは確実です。これこそが、生まれてくる子供の将来を心配してやるということです。

大抵の家族が男の子、または女の子を望むということが、人口の性別比を大きく変えることには繋がりません。いずれにしても、ほとんどが男性で構成されているような「バランスの崩れた」集団を想像することができます。そこでも、女性は人口を維持するために、クローニングによる生殖のお陰で十分なリズムで生殖していくことができます。

個人の自由があるアメリカ合衆国がまたこの分野でも、先駆者になるだろうと言っても良いと思います。

最初に体外受精を認可したのは、政権からは完全に独立していて、終身で任命された裁判官で構成されるアメリカの、素晴らしい最高裁判所でした。これによって、「アメリカ国憲法は、個人が生殖の方法を選ぶ権利を保障している」という原則のもとに、現在1日に何百人という母親を助けています。体外受精に有効なことは、クローニングや、もちろん子供の特性を選ぶ自由にも当てはまります。

さらに言えば、将来親となる人たちが、子供の肉体的・知性的な特性を選んではいけない

63

という理由はありません。

子供の幸せはそれにかかっているとも言えます。なぜなら、子供が両親の期待に添っていれば、それだけ愛されるでしょうから。

科学者の家庭が、自分の子供は科学の分野で天才になって欲しいと望むことに、どんな害があるのでしょうか。もし運に任せたら、スポーツや音楽にしか興味がない子供を持つことになるかもしれません。この時点ではよく起こることなのですが、両親が子供の本来の才能に干渉することで、子供の人生を惨めなものにしてしまうという大きな可能性があります。自分が本当にやりたいこと以外のことを親から強制されて、立ち直れずにいる人たちが世界には沢山います。もうどんどん落ち込んでいき、その苦しみを自殺することで終わりにするか、麻薬やアルコールで、ゆっくりと自分を殺していくかという状態です。

音楽家の夫婦が音楽に才能のある子供を望み、遺伝学がそれを許せば、それはもう万々歳です。両親も子供も、共に完全に幸せです。両親は、子供の能力が伸びるように理想的な環境を整えることができるし、未来の巨匠は生きているのが幸せであり、溢れるほどの才能は、社会にとっての本当の財産となるでしょう。

同じようなことは、高水準の科学やスポーツの分野にいる夫婦にも当てはまります。

「アラカルト」で子供を作る

親たち、未来の子供、社会、それらのすべてが、両親が将来の子供の特性を選ぶことができれば得をするのです。

これに関して、すべてのいわゆる「倫理的」な心配は、原始的な宗教から来ている口実に過ぎません。想像上の神様が、無実の子供にどんな病気を与えるか、あるいはどんな贈り物で、その子供の人生に栄光を与えるかを決めて欲しいと思っているのです。

それでも、私たちの時代のそういう「倫理的」な疑問が、完全に反倫理的に聞こえる日がやって来ます。そういう疑問は、生まれてくる子供、あるいは人類の将来の本当の幸せを考えていないのですから。

もう一度言いますが、賢明なのは人々に選択することを許すことです。選択の自由が許されれば、もうほとんどの親は必ず、将来の子供の特性は運に任せるよりも自分で選びたいと思うでしょう。自分の子供に最高のものを望まない母親は、世界にはいないはずです。問題なのはそういう人たちが、今では避けられる肉体的奇形や、生涯の病気、障害に苦しむ子供が誕生してもいいように社会が許すよう、勝手に決めても良いのかということです。

民主主義も、子供にとって最も良いことは母親たちよりも知っていると主張する、保守的

な宗教の人々の「倫理的に正しい」頭をくつがえすことになるでしょう。

また、このような人たちは、障害のある子供たちという重荷を、社会に負わせる権利があるのでしょうか。そういう子供たちは、時代遅れの宗教の信仰に基づいた、犯罪的な決定の結果なのです。

宗教が理由であるのなら、どんな犯罪も正当化して良いのでしょうか。嬉しいことに私たちは、宗教的献身の口実の下に人類を犠牲にするということを、もう許してはいません。ようやく私たちは、宗教的信仰に基づく性器切除を禁止し始めています。もうそろそろ、遺伝的欠陥に苦しむ子供が生まれてくるのを禁止する時期ではないでしょうか。そういう子供の誕生を防ぐことができるのにそれをしないというのは、人類に対する犯罪なのですから。

遺伝子組み替え食品 —— 飢餓の終わり

ついに、遺伝学のお陰で、すべての人に食料が豊富に与えられるようになるでしょう。遺伝子組み替え食品は人類の未来です。これには多くの利点があります。

先ず第一に、地球上に散布される殺虫剤や殺菌剤の量を、大幅に減らすことができます。これらは公害の深刻な要因となっています。

それから、最近の遺伝子操作で作られた黄米のように、遺伝子組み替え食品は、ビタミン不足で深刻な第三世界の人々へ、重要なビタミン源を供給することができます。

西洋人が、肥満した塔のてっぺんから、遺伝子組み替え食品は危険だと宣言するのは容易(たやす)いことです。しかし、人の健康にもっと危険なのは全くの食べ物がないことです。それ以外のことは、萎(しぼ)んでしまうほどに取るに足らないことです。

最初にできた遺伝子組み替え食品が完全なものではないとしても、実験は続けるべきです。

なぜなら、そうすることで改善されていくのですから。

人の手によって作られたそのような新しい品種が、外に出て「自然」の品種と交配してしまうという恐れは、根拠がなく無知から来るものです。

最近までは、望まれる遺伝子の修正は、何世紀にも亘る庭師や飼育者によるゆっくりとした選択の結果、得られたものでした。

遺伝子組み替え食品はそれと変わりません。時間がずいぶんと節約できること以外は。何世紀もかけて、より生産性の高いものへと選択されてきた小麦が、野生の小麦と交わってしまうとか、20倍の牛乳を作るように改良された乳牛が、野生の種を「汚染」しないだろうかと恐れている人は、誰もいません。

遺伝子工学の利用で食料が豊富になり、汚染が減って、素晴らしい味の果物や野菜を再発見することもできます。味も、遺伝子で操作されているからです。ですから、イチゴの味を良くし、精製した白砂糖を加えずに、自然にもっと甘くすることもできるのです。果物や野菜が、全く自然で、殺虫剤も使われずに百倍も美味しくなると想像してください。

飴(あめ)のように強烈な味のイチゴやバナナ、パイナップルが食べられるのです。最近、野生の種より10倍も早く成長するサケが、遺伝子工学で作られたのですから、家畜でも同じことができます。

遺伝子組み替え食品 —— 飢餓の終わり

学で作られました。

いわゆる「環境保護的」の反対者は、それは外に出て野生のサケと交わる危険性があるという口実のもとに、そのサケが市場に出回るのを阻止しようとします。野生のサケと交わったらどうなるというのでしょうか。10倍大きいサケができるだけです。文句を言う漁師がいるとは思えません。

遺伝学者は、進歩に反対する人たちを黙らせるために、そういうサケを不妊にしたらどうかと提案しています。でも、野性のサケを獲る漁師は、獲れるはずのサケの10分の1だけの漁獲量には満足しないでしょう。

それに、遺伝子組み替えのサケの味は、「普通」のサケの味に劣りません。それどころか、身の味を制御する遺伝子を改良して、さらに美味しくすることもできます。肉類にも同じことができます。例えば新鮮な牛肉を、成熟した牛肉と同じくらいに柔らかく美味しくすることは、お茶の子さいさいでしょう。さらに改良して、食べ物という食べ物のすべてに、同じことができるようになるでしょう。

最近、科学者はウサギの遺伝子にクラゲの遺伝子をいくつか加えて、光るウサギを作り出しました。

このウサギを紫外線の光に当てると、蛍光を放ちます。これはきっと、子供たちのペットとして大変な人気者になるでしょう。

もちろんここでも、いわゆる「動物愛護家たち」が反対の声を挙げるでしょう。このウサギ自身は、光ることで何か文句を言っていますか？ 私の知る限りではまだです。話す能力は、遺伝子組み替えによっては与えられていないのですから（いつかは可能になるかもしれませんが）。

健康な光るウサギが普通のウサギよりも不幸だと、どうして分かるのでしょうか。ここでもまた、このような抗議は、原始的な人々が科学に反対するいつもの反応なのです。

私は個人的に、誰かがこの遺伝子を、私にプレゼントして光らせてくれたら嬉しいです。夜の海辺でのパーティで、どれだけ楽しむことができるでしょう！ いつの日か……。

遺伝子組み替えされたペットは、なぜそれほどに、保守的な人たちにはショックなのでしょうか。彼らは、ブルテリア、ブルドッグ、ヨークシャーテリア、あるいはチワワの酷い顔に、ショックを受けているのでしょうか。いませんね？ でも、これらの品種はすべて、オオカミや野生の犬が元となっており、何世紀もかけて遺伝子選択されてきた結果なのです。

もし元のオオカミや野生の犬が今存在して、遺伝子学者が直接ジャッカルやチワワを作り出

せば、同じ「動物愛護家たち」は「スキャンダルだ！」と叫び、種をそのように修正してはならないと言うでしょう。でも彼らは、シワクチャで毛のない裸の猫を嬉しそうに眺め、文句一つ言いません。それは単に、その猫の遺伝子組み替えが数カ月ではなく、数世紀もかけて起こったからなのです。これほどバカげたことは他にありますか？

インターネット──一つの宗教的体験

クローニングに反対している古い「恐竜たち」が、新しい通信手段に存在する自由にも反対することは、全く当然のことです。理由はもちろん、政府や権力に従う国会議員、経済的・宗教的権力者たちが共謀して通信を牛耳ろうとし、従来の回線を管理し検閲してきたにも拘（かかわ）らず、人々はそれ以外のところで、インターネットによって瞬時に通信することができるからです。

あなたがこの文章を読んでいる間にも、主要な新聞やテレビ局は、政治的・経済的・宗教的に正しい情報を用意して、大衆に鵜（う）呑（の）みにさせようとしています。その目的は、大衆をより簡単に統治し、搾取（さくしゅ）することを可能にするためです。何度も繰り返して言うことで、彼らは、人々が自由を謳歌（おうか）している社会に住んでいるのだという幻想を信じ込ませようとしています。中国とフランスの政府は、この種のペテン（嘘（うそ））が大変得意です。どちらも、アメリ

カの報告書の中では、宗教の自由を尊重しない国として選ばれています。
例えばフランス人は、特に自由な国に住んでいると信じ込まされています。でもそれは、完全に間違いです。アメリカこそが自由の国です。でも、マスコミによって支持されているフランス国家の宣伝によって、フランス国民は、自分たちの自由は国の自尊心の問題であり、もうほとんど、自分たちの伝統であるとさえ信じ込まされています。フランス人は、自分たちには自由があるという考えにあまりにも誇りを持っているため、その自由自体がほとんど完全に腐っているということに、気づいてはいません。

誰かがフランス人に、比較として本当に自由な国、例えばアメリカのことを挙げると、フランス人はすかさず、アメリカの悪い部分を並べ立てます。フランス人にとってそれは自由すぎる、安全ではない、死刑制度もあるし貧困もある、と決まりきったことを言うのです。

実際、彼らの自尊心の感覚があまりにも大袈裟であるため、自分たちには丁度良い自由さがあって、自由すぎてはいないという、完璧なバランスがあると思い込んでいます。

これは、自分を追い越して運転する人は若すぎて乱暴な子供だと思い、自分が追い越して運転するには歳を取り過ぎた婆さんだと思う運転手と、大して変わりはありません。誰でも自分の視点で物事を見るというのは、よく知られていることです。しかし、自由に関しては、

それが有るか、全く無いかの、どちらかでしかないのです。「完全な自由などは有り得ない。混乱を避けるためには制限が必要である」と言う人もいます。その通りです。正義が存在するためには法律が必要ですし、すべての人が人種、財産、権力に関係なく平等な権利を持つべきです。でも、これは政府にも当てはめなければなりません。

アメリカでは、憲法によって保障されているように、個人の自由や表現の自由を尊重しない法律を作る政府は、責任を負わなければなりません。しかし、フランスはそうではありません。「社会的な秩序が脅かされる時」、この自由を制限する条項があるのです。この間違った口実はいつでも引っ張り出され、人権宣言で普通は保障されている、個人の自由を攻撃するために使われます。

人権宣言により保障されている基本的な自由を、制限する条項があってはなりません。たとえそれが「社会的秩序」を保つためであってもです。本の出版やインターネット・サイトへのアクセスを禁じたり、宗教的少数派を差別する国は、自由の国ではありません。表現の自由は、完全で制限のないものでなければなりませんし、そうでなければ自由ではありません。フランスには自由はありませんが、アメリカには自由があります。このことは、書面で

インターネット――一つの宗教的体験

も実際でも見られることです。もし強大なアメリカ合衆国の政府が、憲法に違反した法律、あるいは表現の自由を尊重しない法律を通過させようとすれば、この法律は、政府の利権とは切り離された独立した組織である最高裁判所によって、無効とされるでしょう。

一方、インターネットは、情報を自由に直接伝えることができるため、意見を持つ人は、それが主流の意見とは違っていても表現でき、人々に考えさせ、公式な物の見方に疑問を提示することができます。政治的なもの、宗教的なもの、科学、あるいは経済に関することでも良いのです。だからこそ、全体主義の国々は、彼らの絶対的権力を失わせることになるインターネットを管理しようとしているのです。

表現の自由は大変重要であり、人権宣言によっても保障されていますが、これを実現するのにインターネットはまさに理想的な道具なのです。

当然ながら、憲法が表現の自由を無制限に保障している、世界でたった一つの国であるアメリカ合衆国は、インターネットも完全に自由です。これからもそうあり続けようとしています。

一方、中国は、ドイツやフランスなどの国と同じように、自由のイメージを伝えようとしていますが、現実は全く違います。これらの国々は、インターネット上の自由を制限し、イ

インターネットで特定の意見を表現する人を刑務所に入れてしまいます。例えばフランスは、ナチの強制収容所の事実を、否定したり最小限にするというような、修正主義者的な傾向を持つ人々を刑務所に入れています。しかし同じような意見は、アメリカのウェブ・サイトでも見ることができますし、それは、ずっとそのままにして置かれるようです。

またフランスは、ヤフー・フランスがフランスのユーザーに、ナチの遺留品をオークションに出しているアメリカのサイトにアクセスさせることを禁じました。それでも、これらの品物を買いたいと思っているフランスの人々は、アメリカのサーバーに接続してアクセスしています。ドイツでも、政府は多くの極右派のサイトを強制的に閉鎖させましたが、それらのサイトは、すぐにアメリカで再開されました。

それがインターネットの魅力なのです。独裁的で反自由の政府が、いわゆる「修正主義的」本の出版を禁じたとしても、いつも数日後には、インターネット上で見ることができます。これはフランスでは何度も起こっています。ロジェ・ガロディや、前フランス大統領ミッテランの、主治医が書いた本などがその対象でした。

インターネットは検閲の死を意味します。再び禁制が終わるのです！　もはや禁制を敷く

インターネット──一つの宗教的体験

ことはできません。妨害したいと思うどんな考えや表現も、小さな抜け道を通ってインターネット上に現れることができるのですから。

私は、修正主義者やネオ・ナチの哲学に賛成だと言っているわけではありません。しかし、人権宣言によって保証されている表現の自由に従えば、すべての人が、自分の考えを自由に表現する権利を持つべきなのです。

そのように行っているのがアメリカです。アメリカは、この基本的な自由主義を尊重する世界でただ一つの国であり、それで問題は少しも起こっていません。表現の自由が完全であるために、人種的憎しみやナチの理想に反対する人たちもまた、自分たちの意見を自由に表現できるのです。このような人たちの数は大変多いので、友愛や人種間の尊重を伝えるインターネットのサイトはさらに沢山あり、非常に多くの人たちがこの価値観を分かち合っています。そしてずっと、表現の自由は尊重されています。

このインターネットの自由が、先に書いたような極端な場合でも神聖なものと考えられるならば、これは新しく、さらにずっと、革命的な地平線への扉を開きます。

印刷機が発明されて考えが自由に行き渡るようになった結果、宗教に革命が起こり、プロテスタントとカトリック教会に大きく分裂しました。そのお陰で、当時カトリック教会によ

77

って振るっていた強大な勢力が弱まりました。

そこでも、フランスのような全体主義で自由殺しの国々は、血なまぐさい大虐殺で解放運動に口封じを試みました。例えば聖バーソロミューでは、何千人ものプロテスタントが政府の命令で虐殺されました。その当時でさえ、修正主義者は差別されていました。しかもそれは宗教的なものでした。政治的に正しいカトリックの大多数とは違った考えを敢えてしようものなら、フランスの政府はこう言いました。

「やつらを殺せ。ただし、皆殺しだ」

全くそれは長い伝統なのです。一体どうしたら、フランス人であることを誇りに思えるのでしょうか。

確立された権威に疑問を持ち、新しくて問題になる考えを印刷できるということは、一つの革命でした。それによって考えが、口から耳に伝わるよりも遠くへ伝えることができたのですから。1人の天才や、夢想家や革命家は、一度に少人数のグループに話すことしかできませんでした。つまり、彼らの新しい考えが社会に影響を与えるまでには、何世紀もかかったのです。

でも、印刷機のお陰で、彼らの考えが社会に大きな影響をもたらす重要な時間は、ほんの

数年に縮まりました。だからプロテスタンティズム（新教）が、あれほど早く爆発したのです。

イエスの時代に印刷機があったならば、キリスト教がヨーロッパに広まるのに何世紀もかからなかったでしょう。

現在、インターネットを使えば、全地球上で即座に革命的な考えにアクセスできます。そして今、Eーブック（電子本）が登場しています。

スティーブン・キングは、最近この方法を使って、彼の新しいスリラーをインターネット上で直接出版しました。

紙の出版会社は、新聞であれ本であれ、まもなく消えてしまうでしょう。これは環境に良いことです。紙に印刷するために1日に何千本もの木が切り倒され、紙を漂白するために何トンもの化学物質が川や空気中に吐き出され、紙に印刷するインクも化学物質であり公害だからです。

学校の生徒にとっても良いニュースです。もう背中が痛くなくなります。本がいっぱい詰まったランドセルを背負う代わりに、全年間のカリキュラムが入った、ポケット・サイズのコンピュータを持つだけで良くなるのですから。それはもちろん、彼らがまだ学校に行く場

合ですが。いずれこの施設も不要のものとなるでしょう。インターネットによって子供たちは、家にいながらにして自分の端末から勉強できるようになるのですから。回線を使って、最新の知識に基づき、世界で最も優秀な教師たちから教えてもらうようになるでしょう。その知識は、加速する発見の速度に追いつくように、毎週更新されるでしょう。

最後に、病気の患者さん全員にとって良いことは、医学生が現在のように、10年も前の事実を学ぶということが確実になくなることです。それはもちろん、医者が存在していればの話です。というのも、ロボット、コンピュータ、ナノ・テクノロジーが、いつの日か医者の代わりになるからです。

より若い世代の人たちは、日曜の朝、ミサ（カトリック教の儀式──編集部注）で過ごすより も、インターネットで過ごす時間の方が増えています。親がミサに行くことを強制する家庭を除いては、若者はすべて、どちらかというとコンピュータの前で時間を過ごしたいと思っています。

彼らがそうするのは確かに正しいことです。インターネットは、今日のどんなミサよりもはるかに宗教的な体験だからです。

彼らが持つ小さな画面のお陰で、人種や宗教の区別もなく、人類のすべてと繋がることが

80

インターネット——一つの宗教的体験

できるのですから。インターネットほど人類を一つにするものはありません。アメリカの若者は、ロシアや中国の若者と直接会話ができ、自分の国のマスコミがオウム返しに述べている政治的条件づけが、本当かどうかを直に確かめることができます。そうして、大抵は本当ではないと分かるでしょう。従ってインターネットは、世界平和のための道具の一つなのです。インターネットが存在する前は、マスコミは若者を騙して、山の向こうの人々はみな野蛮人であると考えさせることができました。でも、このような宣伝を信じる人はもういません。今、子供たちはインターネットで確かめることができるのですから。

国際的な政治報道はもはや、人々にそのような条件づけをすることはできません。人々は「敵国」の住民とチャット・ルームで話ができ、マスコミの言っていることが本当かどうかを相手に尋ねることができるのです。

宗教（religion）という言葉は、ラテン語の「religere」から来ており、「繋ぐこと」を意味します。インターネットほど人類を繋ぐものはありません。

政府はこのことを知っています。だからいくつかの国々では、インターネットへのアクセスを制限したり管理しようとしているのです。

しかし、政府がどれだけそれを防ごうとしても、情報の津波に抵抗することはできないで

しょう。

今、一つの巨大な集団意識ができ上がろうとしています。インターネットは神経細胞を繋ぐ電流のようなものです。私たちは全員、人類という巨大な脳の神経細胞です。インターネットは私たちの間を流れるメッセージです。「新人類」は神経細胞の神経細胞の間を流れる信号のようなものです。

毎日、何百万人もの人間が、世界のネットワーク上の巨大な集団の「ミサ」で、回線上で「聖餐(せいさん)を受けている」のです。

若い世代の人たちはこの技術と共に育っていますので、古い世代の人たちよりもずっと多く世界の他の場所と繋がっています。若者たちの世界的意識は大人たちの意識よりずっと高いです。彼らはマウスをクリックするだけで、地球上のどんな場所とも繋がることができると知っているのです。

コンピュータとナノ・テクノロジー
──労働の廃止

もうまもなく、人間の脳の能力はコンピュータの能力に追い越されるでしょう。既に、最も優秀な数学者でさえ、現代のコンピュータより速く計算することはできませんし、記憶力も負けます。誰もコンピュータほど、正確に大量の情報を思い出すことはできません。

人工知能とニューロン・コンピュータが発達するにつれて、コンピュータの能力は創造性や新しい環境へ適用する能力も含め、人間の脳よりも無限に大きくなるでしょう。

この人工知能が人類にもたらす最初の恩恵は、それが、想像できないほどの数の取るに足らない役人や、非生産的な雇用者に取って代わることでしょう。

社会の経済機構はすべてが引っくり返るでしょう。第1段階として、大々的な減税が行われ、人類の歴史上かつてなかった経済の発展が起こるでしょう。

それから、ナノ・テクノロジーが登場し、工業から農業まですべての産業において、完全に人手に取って代わるでしょう。

分子レベルで働く超小型のロボットを使えば、鉱物を採掘して抽出するのに炭鉱夫がいらず、工場でこの鉱物を加工するのに工場労働者がいらず、基本の化学物質を農場で野菜や乳製品に変えるのに農夫がいらず、作物を植えたり家畜を育てる過程も省くことができます。

これらのナノ・ロボットが、無限小の中で必要な原子や分子を組み立てて直接働くことで、私たちに必要なものをすべて作ってくれます。

例えば鉄が必要な場合は、何十億ものナノ・ロボットを土の中に入れて、人間の代わりに鉱物を抽出してもらえばいいのです。

鉱物は自動的に工場へ運ばれ、コンピュータの中に入れられ、その中ではプログラムされたナノ・ロボットが、鉱物を精製して純粋な鉄を作ります。

綿が必要ならば、最高品質の綿を作るのに必要な、正確な化学構造をコンピュータにプログラムし、通常綿毛に含まれる基本的な要素と化学物質を機械の中に入れます。それからコ

コンピュータとナノ・テクノロジー——労働の廃止

ンピュータが何十億ものナノ・ロボットに命令し、それを完全な綿に変えるのです。鶏肉が欲しければ、鶏肉を構成する化学物質を別な機械に入れるだけで、完全な品質の鶏肉ができ上がるでしょう。さらにその肉は、化学物質、ホルモン、殺虫剤は全く使われておらず、穀物を与えて育てた最高の鶏肉と、味も成分も完全に同じものです。同じことが魚、肉、果物、野菜、その他の食べ物でもできます。

食べ物はそれぞれに化学物質の構成が特有で、この構成をナノ・ロボットに教えれば、原子や分子を巧みに処理して、科学的にそれを「組み立てる」ことができるのです。

これらのナノ・ロボットを組み立てるための工場は必要ありません。ナノ・ロボットは自己再生産ができるように作られており、人間の手を借りずに、自分のコピーを作ることができるのです。

無限小を私たちに好都合なものに変えていくナノ・ロボットが、世界全体を覆っているのが想像できます。ナノ・ロボットには、働くための特別な場所も宿も必要ありません。どこにでもいることができます。川を浄化したり、何世紀もの間に蓄積された公害や、私たちの過去の過ちをきれいにしたり…。

人間が働く必要がなくなれば、もちろん社会は、経済的・社会的機構を完全に修正しなけ

ればならなくなるでしょう。人間による労働も、作業員も農夫も必要なくなれば、何千人もの人々が突然無職になり、そのために収入が得られなくなるでしょう。これでは、私たちが現在いる野蛮な資本主義の世界では、大多数の人間が飢餓(きが)に苦しむことになります。これはもちろん受け入れ難いことです。

エロヒムが彼らの惑星で行っているように、すべての人が必要最小限の楽しみを持ちながら、一生涯、生まれてから死ぬまで(もし死ぬとしたら!)、きちんと生活できるように、最低限のお金を受け取れる権利を持てるようにする方法が必要でしょう。このお金は少なくとも、住居、食べ物、服、楽しみを得るために十分な額であるべきです。

すべての仕事がついにナノ・ロボット、コンピュータ、他の生物ロボットによって処理されるようになる時、それは人類史上でいまだかつてないほどの、大きな解放の時となるでしょう。

これは、共産主義とは違います。共産主義はすべての人を労働者にし、すべての労働者を、無理やり平等にしようとしました。それは平等に苦しませる、と言ってもいいでしょう!

一方、働く必要のない新しい社会では、すべての人が平等に楽しみ、開花することができます。

コンピュータとナノ・テクノロジー——労働の廃止

誰も働く必要がなくなりますので、お金もなくなるでしょうし、既に起こっているように、お金はクレジット・カードに取って代わるでしょう。そのカードは毎月ある程度の額をクレジットできるようになっていて、誰もが好きなように使うことができます。

ナノ・テクノロジーは、私たちの問題をすべて解決することができます。例えば住居や食べ物の問題もです。

住居は、生物学、電子工学、ナノ・テクノロジーを寄せ集めて設計できます。ナノ・ロボットは人の手を一切借りずに、何百万人も収容できる巨大な建造物を簡単に建てることができるでしょう。そのような建物の掃除や補修管理でさえも、ナノ・ロボットが確実にやってくれるでしょう。

食べ物がどうなるか、これはもう簡単に想像ができます。各住宅が、既に今あるように水を水道から得られるだけでなく、常時、基本的物質が供給されて、それを機械に入れるとすぐに、自分の好きな食べ物が作られるようになるでしょう。先に見てきたように、この基本的物質は鶏の足になろうが、サラダの葉になろうが、元は同じです。機械によって定められた分子の形状が違うだけなのです。キャビアやフォアグラも同じです。特定の食べ物が、金持ちの特権となることはもうなくなるでしょう。分子の形状が違うだけなので、同じ基本物

87

質で、ただのパン一切れから、最も異国風の料理まで作ることができます。

また、そのような技術によってすべての人が、バーチャル・リアリティを使って平等に快楽や娯楽を楽しむことができるようになります。人々は電子麻薬のお陰で、化学的麻薬によって健康を損なうこともなく、想像もできないほどの快楽が、体験できるようになる日も近いでしょう。

さらにすべての人が、1つあるいは複数の生物ロボットによって、肉体的に奉仕されるようになるでしょう。ロボットの外見を細かく指定でき、性的パートナーとして使うこともできます。

誰もが、同じ住居、社会サービス、食べ物、生物ロボットの召し使い、理想的な性的パートナー(仮想または生物ロボット)などの恩恵に与かれるということになれば、人々の間には嫉妬がなくなり、それによって起こる暴力もなくなるでしょう。

これにより、比類のない愛と友愛の世界が生まれるでしょう。すべての人が独自の芸術作品を創造することを楽しみ、お金のない世界ではそれを売ることができないため、愛する人へのプレゼントとするでしょう。

人はもう働く必要がなくなり、快楽と希望の達成に基づいた生活を楽しむことができます。

コンピュータとナノ・テクノロジー——労働の廃止

科学的研究や芸術を創造したいと望む人は、それを行うことができます。しかしそれは、生活のために行って人生を失うためではなく、楽しみのためだけにするのです。

もし彼らの科学的発見や芸術作品が認められて特別な報酬、例えば個人の住居を貰う、より大きな住居を貰う、違う住居に移る、あるいは惑星間旅行へのチケットを貰う、死んだ後にクローニングによって永遠の生命を授かる、などの特典が受けられるとしたら、これは、人々が集団に奉仕するように動機づけ、すべての発展の意欲を骨抜きにしてしまうことが歴史的に証明された、共産主義を避けるためにも非常に望ましいことです。

そのような社会では、病院はほとんど必要ではなくなるでしょう。ナノ・テクノロジーとクローニング技術によって人間を治療し、同時に寿命を、およそ700歳から900歳まで延ばすことができるようになるからです。

学校や大学も全く無用のものとなるでしょう。子供たちはバーチャル・リアリティを使ってコンピュータの指導で教育を受け、世界で最高の教師から教えを受けるようになるか、電子的移植により、必要な時に必要な知識を得ることができるようになるからです。

親たちも仕事で忙しいということがなくなるので、子供に事実を記憶しなさいと教える代わりに、自分の時間を、子供たちの創造性の発達のために捧げることができるようになります

す。事実の記憶というものも、すぐに時代遅れのものとなるでしょう。科学の進歩が加速するからです。愛と社会奉仕についても、親が子供たちと一緒に家で、本物や仮想のゲーム、スポーツなどを楽しみながら教えるのが良いでしょう。

いずれにせよ、この未来の社会では子供の数が制限されるでしょう。人口過剰にならないように一人ひとりが、寿命を延ばすか子供を持つかの、選択をしなければなりません。しかしそれは、「最後の審判」の際に、一生の間の行いにより永遠の生命を得る資格の人を決定する、特別な委員会によって免除される場合は除きます。

犯罪も完全になくなるでしょう。これは、暴力や反社会的行為の原因となる遺伝子の欠陥を発見し、それを修復すること、さらに非暴力と他人への尊重に基づいた教育制度の発達、そして最後に、貧困や社会的な不平等を排除することで可能になります。

宇宙探索——「神」という神話に対するもう一つの致命打

地球が平らで宇宙の中心であり、太陽や星は夜を明るくするきれいな飾りにすぎない、というユダヤ・キリスト教に基づいたパラダイムや信仰に、最初に疑問を投げかけた初期の科学者たちは、多くが拷問にかけられたり、火あぶりの刑になったりして、辛い目に遭っていました。

ガリレイやコペルニクスは、教会内で蓄積された多くの矛盾（絶対に間違いがないとされていたローマ法王）に対して疑問を禁じるローマ法王の命令に服従することで、そのような運命から何とか逃れることができました。しかし、ジョルダノ・ブルーノのようなもっと勇気のある人たちは、そんな矛盾を受け入れることがで

きなかったために、生きたままで焼かれました。

この本は、そのような彼らに捧げるものです。また、嘘よりは真実を好み、反啓蒙主義に直面した時は科学を守り、群衆や他人の不幸を喜ぶ羊飼いよりも、個人と意識を支持したすべての人たちに捧げます。

ところで、カトリック教会が、ローマ法王は絶対に間違いがないと教え続けていることに注目するのは興味深いことです。ローマ法王はほとんどいつも、間違っていたと歴史が証明しているからです。

コペルニクスとガリレイに有罪を宣告したという例からも、ローマ法王は間違っており、従って、間違いを犯しやすいのだと証明されるのですが、誰もそのことについては話しません。数世紀も経て、初めてなされたバチカンからの謝罪は十分ではありません（それには20世紀の終わりまで待たねばならなかったのです!!）。なぜ教会は知的な誠実さを持って、法王は絶対に間違わないということはないと、認めることができなかったのでしょうか。

「このことで法王が、絶対に間違わないということはないと証明されます。これからは、私

宇宙探索——「神」という神話に対するもう一つの致命打

と言うこともできたでしょう。

でもそうはせずに、法王が間違っていたと認めながらも、法王は絶対に間違わないことになっていると、いまだに主張しています。いったん間違いを犯してしまえば、間違いを絶対に犯さないと主張することはもうできません。さもなければ、言っていることが意味を成しません。絶対に間違わないということは、決して誤りがないということです。決して誤りがない人などはどこにもいません。法王もそうです。科学がそれを、ハッキリと証明してきました。

生物学、クローニング、遺伝子組み替えに対する法王の非難も、同じ運命をたどることでしょう。

そうなると、すべての科学的発見にカトリック教会が反対していることは、とても理解できます。聖書の中で大変雄弁に語られているように、

「すべての人は科学がなく愚かである」

これこそが、ローマの宗教権力が常に望んでいたことなのです。カトリック教会は、信者たちができるだけ愚かで、簡単に管理できる状態であり続けることを望んでいます。そのた

93

めに教会は、彼らから科学的知識を奪うことができないからです。科学がないところでしか教会は、権力を持ち続けることができないからです。

地球は丸く宇宙の中心でもない、ということを否定し、聖書を全くラテン語だけにして置きたいという思いは、この1つの文に要約できます。

「何としてでも、大衆が理解できないようにする必要がある。さもなければ、私たちの権力は消えてしまうだろう」

実際、それこそがまさに、バチカンのトップの司教たちが長い間、書いてきたことなのです。

生物学、クローニング、実験室での科学的に新しい生命体、さらには人間をも創造できるということが、神と、肉体から離れる魂の存在を、否定する証拠になることを見てきました。

そして今、宇宙探索によっても、理神論の力が弱められようとしています。

かつてはすべての人が、世界は平らで宇宙の中心であり、太陽や星がその周りを回っていると信じ、宇宙の中心に厳（おごそ）かに君臨し、雲の中に情け深く座っている白いヒゲを生やした神が、世界を1週間で創造したと信じることは、とても簡単なことでした。

でも、今私たちは、世界が平らではないことを知っています。また、それが自転しながら

94

宇宙探索——「神」という神話に対するもう一つの致命打

太陽の周りを回っていて、私は私たちの銀河系の中心を回っていることも知っています。
そして私たちの小さな惑星は、私たちの太陽系の中で最も大きいというわけではなく、また私たちの太陽系は、私たちの銀河の中心近くではなく僻地(へきち)にあり、外周を回っていることも知っています。そして、私たちの宇宙には無数の銀河があることも。

ジョルダノ・ブルーノが言ったように、宇宙には、私たちの惑星と同じように生命の存在する惑星が無数にあるのです。そう言ったことで彼は、バチカンから死刑を宣告され、生きたままで焼かれました。

私たちは雲を調べてみました（人が毎日、飛行機でそこへ行っています）が、今のところ、白いヒゲを生やして座っている神は、どこにも発見されてはいません。
私たちは雲の向こうの月までも行っています。それでも白いヒゲを生やした神は発見されていません。

そして現在、私たちの宇宙望遠鏡では宇宙のさらに遠くまでも見ることができます。それでも白いヒゲの神様は見つかりません。

宇宙探索は生物学と同じように、神の神話を破壊する助けになっています。神の存在を信じる信仰は、これまで大変多くの戦争、拷問、犯罪に責任があったのです。

次第に、エロヒムによって与えられる新しい概念が定着するでしょう。無限の概念です。
私たちの宇宙は無限であり、そのために中心はどこにも存在しません。さもなければ、無限ではありません。
どの方向を向いても、宇宙は永遠に続きます。
無限小へも、無限大へも続きます。
同じことは時間の無限にも当てはまります。これは永遠と呼ばれます。
宇宙にあるすべてのものは、常に存在してきたのであり、これからも物質あるいはエネルギーとして存在し続けます。何も、無から生じたりはしません。すべてのものが何かから、生まれなければならないのです。
無から宇宙を創造した、超自然的な神の存在を信じることは全くバカげています。それは子供の知性の発達にとっても、危険であることは言うまでもありません。無からは何も作ることはできません。すべては何かからできているのです。
初期の科学者たちでさえ、その当時の宗教的な物の考え方の影響を受けていました。例えば彼らは、私たちの周りにあるすべてものを形作っている、分割することのできない基本的な粒子の存在を信じていました。彼らはそれを原子と呼びました。原子（アトム）はギリシ

宇宙探索――「神」という神話に対するもう一つの致命打

ャ語で「分割できない」を意味します。それ以後、幸運なことに私たちは、原子がより小さな粒子に分割できることを発見してきました。その粒子もまたさらに小さな粒子からできており、それは永遠に続きます。

もちろんかなり予想通りに、その原始的な宗教的信仰にいまだに囚(とら)われている現在の科学者たちは、「原子」の場合と同じような過ちを繰り返し続けています。より小さな粒子を発見するたびに、それより小さいものはあり得ないと考えるのです。

同じように、探査機が宇宙のより遠くまで見ることを可能にするたびに、彼らは宇宙の「大きさ」の信仰を調整し続けています。

でも、論理は大変簡単です。すべてのものは何かからできているのです。無からは何も作られません。無から作られるものがあるとすれば、それは存在しないでしょう。

これ以上ハッキリしたことはありません。

ですから、より小さな粒子を発見するたびに、それはもっと小さなものから作られているということを、私たちは既に知っているということです。そうでなければそれは存在しないことになり、従ってどちらも存在しないことになるからです。それは単に、私たちの現在の科学レベルでは見つけることのできない、より小さいものからできているのです。電子は原

子が発見される前から存在していましたが、当時の科学者にはそれを発見することができなかっただけなのです。

私たちの宇宙望遠鏡が最近明らかにした、はるか彼方にある銀河にしても同じことです。それらはずっとそこに存在していました。ただ私たちが、以前はそれを見ることができなかっただけなのです。

この単純な法則は、無限大にも当てはまります。

私たちの太陽系は銀河の一部であり、その銀河は宇宙の一部です。そしてこの宇宙は無の中に存在することはできません。それは無限の数ほど存在する宇宙の中にある1つの宇宙であり、それらの宇宙が合わさって何かより大きなものを形作っており、それが無限に続きます。

その他の理論はどれも非論理的です。あらゆるものは、何かから作られていなければなりません。無から作られているものがあるというのは不可能です。無から作られているとすれば、それはどこにもないということで、つまり存在しないことになります。存在するためには、どこかになければなりません。

地球に住む60億の人間の1人ひとりの行動を監視し、さらには、この無限の宇宙の中に存

宇宙探索——「神」という神話に対するもう一つの致命打

在する私たちと同じような人々が住む他の惑星をも監視する、白いヒゲを生やした神が存在する場所など、どこにもありません。無限の中のあらゆるものを創造したことになっているこの神は、無限の数の人々による無限の数の行動を監視し、無限の数の祈りを聞くことができなければならないのです。何という記憶力と集中力を、この神は持たなければならないのでしょうか！

さらに、宇宙は無限なので中心は存在しません。無限の宇宙には中心はありません。そうでなければ無限ではありませんから。そのような宇宙の中のどこに、そのような神が存在できるのでしょうか。宇宙の外側の端(はし)にも、中心にも存在できません。そのような場所は無限の宇宙には存在しませんから。神はどこにでも存在すると言う人がいるかもしれませんが、無限の宇宙の中では、どこにでもと言うには多すぎます。無限の数ある無限に小さな粒子、そして、それらがさらに小さな粒子で構成されているその中に存在し、また無限の数の無限に大きな銀河や宇宙にも存在し、同時に地球に住む60億の人々の祈りをすべて聞き、また同時に他の惑星に住む人々からの無限の数の祈りを聞くことは、どんな神にも実現不可能なことです。たとえ神が超自然的だとしてもです。実際、どこにでもいるということは、どこにもいないということです。そのような神がどこかある場所に介入しようとすれば、他の場所

99

には介入できないことになります。一度に2つのことをしながら、同時に無限の数の祈りに耳を傾けるのは大変難しいことですから。

真実はずっと単純です。神は存在しません。

では、新人類は宗教を持たないのでしょうか。

エロヒムには宗教があります。彼らは私たちに同じ宗教を勧めています。彼らの宗教は科学です。それは既に私たちの宗教になっています。

しかし、宗教と精神性の意味をハッキリさせなければなりません。

人には精神性が必要ですが、神は必要ありません。

仏教は、無神論の宗教ですから神は存在しません。仏教は基本的に、個人の発達と、あらゆるものに繋（つな）がっているという感覚についての宗教です。

このようなタイプの精神性が、未来の宗教となるでしょう。

それは神が存在しない宗教であり、人は、無限小や無限大、時間の無限、つまり永遠と繋がっていると感じます。

エロヒムは彼らの宗教を、素晴らしい贈り物として私たちに提供してくれました。それで私たちは、彼らの2万5000年進んだ精神性の恩恵を受けることができます。

宇宙探索──「神」という神話に対するもう一つの致命打

エロヒムの科学はあまりに進んでいて、あまりに神秘的なので私たちには理解できませんし、そのうちの一部ですら想像することはできませんが、瞑想して無限と繋がることで、私たちはエロヒムと精神的に対等になります。

無限は一つです。原始的な石器時代の人間であれ、科学的なエロハ（エロヒムの単数形──編集部注）であれ、無限と調和している時は、同じレベルで一つになっているのです。私たちは全体の一部であり、全体と繋がっており、全体を感じています。それが宗教の本来の意味です。この語はラテン語の「religere」から来ており、「繋がること」を意味します。

宗教的であるということは、私たちを形作っている無限に小さな粒子や、私たちの身体の細胞、植物や動物など地球上のすべての生命、すべての人類の兄弟姉妹、無限大の宇宙に住むすべての存在、すべての星や銀河、私たちが銀河と呼ぶ粒子でできている巨大な存在、過去に存在したすべての人、未来に存在するすべての人、ありとあらゆるもののすべてと、繋がりを感じることです。

新人類に必要なのは、この物質的な精神性です。文明が科学的に進歩するほど、より精神性が必要となります。

しかし、神や迷信で溢れた原始的な精神性ではありません。精神と物質の統一を気づかせ

てくれる精神性です。

『チベットの死者の書』に書かれているように、「精神と物質は永遠に一つ」なのです。物質的なもの、快適さや便利な道具などでは、人は満たされません。永遠の生命でさえ、必ずしもあなたを幸せにするとは限りません。不幸で、他のものや宇宙から切り離された感じを持ちながら永遠に生きることほど、絶望的なものはないでしょう。

人をすべてと結びつける精神性によってこそ、人は科学による永遠の生命の特権と、永遠に楽しむことの本当の価値を味わうことができるのです。

それが私たちの未来の宗教です。それはまだ生まれたばかりですが、どんどん多くの人が、自分たちの旧式な信仰を捨てて、その未来の宗教に改宗しているのを私たちは見ています。

それは、生物学、遺伝学、生態学、天文学、特に、神経学における発見に基づいた自己開発です。

それは、1つ1つの科学的な新発見を吸収していく宗教です。カトリック教会や他の古い宗教が、これらの発見によって自分たちの土台が覆（くつがえ）されるのを恐れるために、このような発見と戦うのとは違います。

地球が平らで、宇宙の中心で巨人たちに支（ささ）えられているとか、知性は胃袋の中に存在する

102

宇宙探索──「神」という神話に対するもう一つの致命打

とか、悪魔を恐れ、白い雲の上に住むヒゲを生やした神を崇拝せねばならないと教えられていた、過去から来ているこれらの古い宗教は、もう現代人には合いません。

人が科学に無知で、聖書と司祭の言葉を疑わずに信じている限りは、子供のおとぎ話で満足できましたし、それを宗教だと信じることもできました。その宗教は、説明できないことを大抵は、神聖な神秘だと説明しました。結局、人は何の答えも与えられることはありませんでした。

現在では、科学によってあらゆることが説明できるようになり、私たちは古い宗教の嘘や、宗教権力の科学者たちに対する犯罪に気づくようになりました。宗教権力は私たちを原始的な状態に埋もれさせようとしましたが、自分の命を犠牲にしたジョルダノ・ブルーノや、ガリレイなどはそこから人類を引き上げようとしました。もう人は、そんなバカげた答えには満足できません。今日では5歳の子供でさえ、中世の神学者や「善良な人」が本当だと思っていたことを、鵜呑みにしたりはしません。幸運にも子供たちはみんな、日曜日にミサに行く代わりに自分のコンピュータで遊んでいます。

103

電子民主主義のために

この電子工学と電子メールの時代に、いまだに人を紙で投票させるために、投票所に行かせることは全くバカげています。

今からは、これをすべてインターネット上で行うことができます。

さらに、インターネットによって民主主義に革命を起こすこともできます。

現在までは、人々は法律に投票する代議士を選んでいました。インターネットのお陰で、代議士のいない直接的な民主主義を想像することができます。

ホームページにアクセスすれば、修正が必要な従来の法律や、同意を必要とする新しい法律についての最新情報を、見ることができるようになります。また、これらの法律に関する各政党の意見もそこで見ることができますし、その分野の専門家のアドバイスへリンクすることもできるでしょう。すべての市民が、インターネットから直接投票できるようになるの

です。政府は人々の決定を受け入れ、実行する準備ができているべきです。これが、技術によって可能になる本当の直接民主主義です。

この方法では不正が容易になるだろうと言う人は、「投票用紙」で起こっている不正の数が非常に多いことを見るといいです。

反対に、電子的な身元確認技術が進歩するにつれて、不正選挙は、「電子民主主義」によって大幅に減らすことができます。

身元確認のセキュリティの信頼度は、巨大な電子商取引市場のために、ほとんど完全に確実になるまで高まるでしょう。その何十億ドルという市場のお陰で、電子商取引は、そのようなセキュリティが発展するために最適な原動力となっています。

現在、インターネット上のクレジット・カードを使った取引は、大抵暗号化されており、その暗号化の方法も複数存在しますが、さらにもっと良い技術があるのです。デジタル指紋読み取り機というものを使えば、投票を送信する前に、スキャナーに親指を置くだけで良くなります。コンピュータにビデオ・カメラを取付け、サーバー側の記録によって、1人が1回しか投票できないようにすることができるでしょう。

105

いくつかの国では、投票率がバカらしいほど低いところがあります。時には30パーセントしかありません。もし、その30パーセントの人が動議に賛成で、投票しなかった70パーセントの人が動議に反対だとしたら、少数の30パーセントが動議を通過させたことになります。言い換えれば、結果は多数の要求を必ずしも反映してはいないということです。だからといって、投票しなかった多数派が投票していれば——と言ってみても、結果として決定した事実を変えることはできません。

しかし、インターネットを使った直接選挙によって、投票率が急速に上がることは間違いないでしょう。特に、問題となっている議題に人々が興味を持っている時にはです。これによって確実に真の民主主義が生まれ、人々はその恩恵を受けるでしょう。

clonaid.com に関する真実

3年前に、羊ドリーがクローニングされました。ここ数十年は不可能だと思われていたことが、現実となりました。

これは革命でした。すぐに専門家は、哺乳類においてこれが可能であれば、人間でこれが不可能という理由は全くないと気づいたからです。私はそれを、27年前から予言していましたが。

その歴史的事件の直後にローマ法王は、ヒト・クローニングには反対であると宣言しなければならないと思ったようですが、それが結局、キリストの復活にも反対することになるとは知らなかったようです。キリストは、エロヒムによって作られた人のクローンでした（『真実を告げる書』〈日本語版も同題〉を参照）。

すぐに私は、世界初のヒト・クローニングを行うことを目的とする、会社を作ることを決めました。

私は、この計画が真剣に受け止められるように、「バリアント・ベンチャー」という会社名の、バハマの私書箱だけのペーパー・カンパニーを、サンフランシスコで既設の会社の売買を専門とするアメリカの会社を通じて、数ドルで買いました。

「ドリー」事件のレポートで大騒ぎをしている報道とは違って、私の本当の目的は、決してバハマで人をクローンすることではありませんでした。世界に私がもう27年も前から、急速にそれが可能になるのだと予言していたこと、それは良いものだということを世界中に知らせたかっただけなのです。また私は、インターネットのサイト「clonaid.com」を作って、潜在的な顧客、投資家、科学者などにそれを知らせることで、実際にそれを実行に移す会社設立のきっかけとなる動きに、貢献したかったのです。

因(ちな)みに、フランスのテレビ局に属する、いつものように悪意を持ったジャーナリストたちは、バハマに実験室ができるだろうと信じ込んでいましたので、その国の政府に連絡を取ってけしかけ、数カ月後には会社を解散させました。それは私書箱だけのものでしたので、これによって私たちが影響を受けることは全くなかったのですが。

clonaid.com に関する真実

国際的な投資家にとって面白いと思うのは、どのようにしてバハマ政府が調査もなしに、その領土では全く活動のない「遺伝子研究」を公の目的とする会社を、ジャーナリストの風評だけでいとも簡単に解散させてしまうのかという点です。これは、同様な企業を誘致しようとしているこの島での権利というものが、何なのかを雄弁に物語っています。最初の3000ドル以下の投資で、1500万ドル以上に相当する、世界のメディアに対する効果を得ることができました。これはclonaid.comは期待通りの働きをしてくれました。もし、この計画が結局は始まらなかったとしても、既にこれは完全なる成功です。

しかし、さらに面白いことに、本気で申し込んできた潜在的な顧客が、数カ月後には250人になったのです。250人の人が、20万ドルをヒト・クローニングのために支払う準備があると言うのです。

80パーセント以上を占めるその大多数は不妊のカップルで、子供を得るための他の方法は可能な限り、すべて既にやり尽くしてきた人々です。次に、約15パーセントのカップルは同性愛の人たちで、残りは独身の人たちでした。

同様に、多数の科学者たちが私たちに接触をしてきて、彼らの職と政府からの助成金を失

う恐れから、完全な匿名を条件に、公には言えないが支援していると言ってきました。
既にガイド（ラエリアンの司祭の呼称）だったブリジット・ボワセリエは、クローンエイドの計画にずっと携わってくれていました。私たちの宗教に所属していることで受ける差別のために、フランスからアメリカ合衆国へ亡命していた彼女は、何も失うものはなかったからです。彼女は、フランスの大企業エアリキッド社を退社させられ、一番幼い子供の養育権も、同じく宗教のために失ったのでした。

私たちが求めているのは、それが最初の成功を収めるまで、ヒト・クローニングの実験室の創設と運営費用とを、完全に賄（まかな）ってくれる投資家です。

私は最初のクローニングは、その成否を左右するお金を1番出してくれた人のために、取って置いてあげたいと思います。これが成功すれば、その後このサービスを、一般大衆によりり妥当な値段で提供することができるようになるでしょう。

世の中は大体こういう風になっています。つまり、最もお金持ちの人が他者に先立って新しいものを享受し、そのお金のお陰で、その後それがみんなに手の届くものになります。世界初の自動車も億万長者たちだけのものでしたが、今はそれは万人のものです。テレビ、コンピュータ、洗濯機などでも同様です。

また、世論を巻き返すために、最初の顧客は、例えば不慮の事故で死んだとても幼い子供のような、理想的なケースであることを望みます。

アメリカの病院で医療ミスのために10カ月で死んだ自分の子供を、クローンして欲しいというアメリカのある家族が、ブリジットを訪れたのは2000年の夏のことでした。その両親はとても裕福で、クローンエイドに必要な費用はすべて提供する、と言ってきました。

理想的なケースが現れました。

私は直ちに、ブリジットにこの計画のすべてを任せました。

私の使命は終わりました。投資家、科学者たちを巡り合わせ、クローンエイドをインターネット上で、ヒト・クローンというメディアの話題の中心に置くことで、私はある動きを作り出すことに成功しました。

それが上手く成功する可能性はほとんどなかったため、最初はメディアで成功を収めることさえ期待していませんでした。でもごらんの通り、ヒト・クローニングの実験室を本当に作るためのすべての準備が整いました。素晴らしいです。

今後は、私はラエリアン・ムーブメントの精神的リーダーとしての場所に戻り、私はも

う、クローンエイドの計画に関しては何の責任者でもなくなります。
でも、それは動き始めました。
私は、クローンエイドのチームが、初めて人をクローンすることになるかどうかは分かりません。秘密裏にもう何十もの実験室が、他でそれを始めていることもあり得るからです。
でも、それはもう目標に向かっています。
私は、ブリジット・ボワセリエによってクローンされようとしている男の子の父親に会いました。彼は並外れて素晴らしい人物です。
「この子は必ずしも100パーセント同じではないのは分かっているけれど、私はこの子の遺伝子コードに、自分を表現する第2のチャンスを与えてやりたいのだ」
と彼は言います。全くその通り、素晴らしいことです。
クローンエイドの株主になるという彼の行為は利己的ではありません。彼は自分の子供のために完成されるこの技術を、その後、同じ問題を抱える他の家族のために利用して欲しいのです。
この家族はもう1人、別の子供を作れば良かったのではないか、ということではないのです。というのは、彼らは既に全くその通りにしているからです。母親は次の子供を身ごもっ

ています。彼女も、死んだその子供の遺伝子コードにもう1度、自分を表現するチャンスを与えたいのです。素晴らしいです。彼らは自分たちのためにではなく、生きることのできなかった子供のために行動しているのです。これは、代わりの子供を求めているということではなく、贈り物です。愛の贈り物です。

結局は、彼らは子供の死に責任がある病院に対して訴訟を起こしていて、その訴訟で彼らは大金を手にすることになります。そのお金を、自分の子供のクローニングのために役立てたいと言うのです。つまり、彼らの子供を殺した病院が、子供を生き返らせるためにお金を支払うということです。素晴らしい！

私は今後、その創立者として精神的な父であり続けるとしても、クローンエイドのプロジェクト責任者からは完全に引退します。倫理、哲学、宗教的な面におけるある種の代弁者となることは、もちろん受け入れたいと思います。というのは、誰もそれを望んではいないのに、中世から続く他の宗教には、新しい宗教を指導する特権があるのだと主張し続けているからです。

同時に私は、クローンエイドの計画に必要な、50人の代理母を「提供」することで支援します。

私が行ったのは単に、5万5000人の会員の中の女性に、この歴史的な出来事に参加する候補者になりたい人はいないか、と尋ねただけです。

100人以上のあらゆる人種のラエリアン女性が、熱意と共にボランティアで代理母になることを希望しました。必要条件を満たす50人が選ばれ、2000年の9月には公にそのうちからの5人を、国際的メディアの記者会見の席上で紹介しました。

皆さんがこの本を読む頃には、アメリカ合衆国のどこかに実験室が既に建てられていることでしょう。なぜアメリカ合衆国かというと、そこではクローニングが違法ではないということ、また、もし新たな法律がそれを禁止しようとした場合、その両親は卓越したアメリカの弁護士を雇い、最高裁まで行く準備ができているからです。最高裁は試験管ベビーの時のように、個人は生殖の方法を選ぶ権利があるということを宣言して、確実にその法律を廃止に追い込むことになるでしょう。

これがアメリカ合衆国という、真に個人の自由がある国に住むことの利点です。

すべてが上手く行けば、2001年の終わりには、遅くても2002年の始まりには、世界中のテレビはこの上もない笑顔で笑っている、可愛い世界初のクローン人間の赤ちゃんを抱いた、幸せな家族を映し出すことになるでしょう。世界の世論は、世界初の試験管ベビー

clonaid.com に関する真実

であるルイーズ・ブラウンが、フランケンシュタインの亡霊を追い払った時と同じように、一斉に引っくり返ることになるでしょう。

なぜなら、誰も子供の微笑みに勝てる人はいませんから。特に、この子供に関しては。幸運にも私は、この子供の写真を見せてもらったことがあります。その微笑みの素晴らしいことといったら、最も強硬なクローニング反対派の人でも、その生き返った子供を躊躇なしに見ることはできないでしょう。

この小さな、可愛い10カ月のアメリカ人の男の子を生き返らせる、クローンエイドの計画が本当にスタートしたことを公表してから、数百人ではなく数千人の潜在的な顧客が現れました。最近、事故や病気で子供を失ったり、また失いかけている数千の家族です。クローンエイドが設置した電話ホットラインでは、全員に返事をし切れないほどでした。

初期の段階では2つの計画があり、1つは「クロナペット」で、ペットのクローンや、飼育場のように生殖を提供するものです。2つ目の「インシュラクローン」は、理想的な方法で子供または死の危険がある人の細胞を保存し、それを重大な事故や不治の病の時にクローンできるようにするサービスを提供するものです。後者のサービスは、不治の病にかかった子供を持つ両親が、子供の細胞を、その病気の原因が遺伝子的に治療可能になる時のために

良い状態で保存し、将来クローンすることを望む場合には、今回の件のように大多数のケースで非常に役立つものです。

生物ロボット

人類を労働から解放する、世界のロボット化が進んでいます。これは、労働の完全な消滅に向けての始まりでしかありません。

私たちの祖先は、1年に365日、1週間に7日、1日に12時間働いてきました。フランスなどの国では、1週間に35時間制の労動と、1年に6週間の有給休暇を導入したばかりです。

そしてこれは、始まりにしかすぎません。労働時間はさらに段階的に減少していき、いつかは完全になくなるでしょう。

これは、人間が何もしなくなるということではありません。単に、自分の好きなことができるようになるということです。創造したり、瞑想したり、スポーツしたり、発明したり、芸術を楽しむことなど、つまり、コンピュータがやらないことはすべてです。

私が言っているのは、「何かをすることができない」ということではなく、「しないだろう」ということです。なぜなら、コンピュータは人間がやることをすべてこなすことができるからです。しかも、もっと手際良くです。

コンピュータに何をやらせるかを決めるのは、結局は私たちです。なぜなら、私たちが彼らの創造主であり、彼らは私たちの創造物ですから。私たちがそれらを使うのです。創造したり、瞑想したり、スポーツしたり、発明したり、芸術を楽しむことなどをこなすコンピュータを作ることも、もちろんできますが、そうしない方が楽しいので、私たちはこの特権を使わないでおくことになるでしょう。

これこそが肝心な点であり、私たちは楽しむために創られているということです。工場の組み立てラインの中で働くことや、役所でする行政の仕事などのように、楽しみを与えてくれない仕事はすべてコンピュータやロボットに任せておいて、好きな仕事だけを続けることになるでしょう。生活費を稼ぐためにではなく、喜びのためにそうするのです。

未来のロボットは、人が今日想像するようなものとはかなり違ったものになります。R2D2（映画『スター・ウォーズ』に登場する筒型のロボット——編集部注）などの金属の缶でできたものは、あまり魅力的ではありません。

生物ロボット

ロボット工学と生物学の融合が、私たちに生物ロボットの創造を可能にしてくれるでしょう。

つまり、缶詰の缶のような物に入った金属製のロボットが、掃除機をかけたり食事を運んだりするよりも、外見が若くて美しい完璧なプロポーションの女性や、彫刻のようにハンサムな若者のロボットの方がより快適です。

生物ロボットというのは、金属の代わりに生きた物質でできています。

コンピュータ科学によって、電子工学的なものと生物学的な構成要素を融合する可能性が、次第に見えてきました。

既に小型のロボットが、魚の脳で動かされています。

このコンピュータの生物化が、生物ロボットの創造に繋がるでしょう。

ある種、人間に似たものではあるのですが、人間が人間であるための要素を欠いているのです。つまりそれは、意識、自己プログラミング、生殖などの能力です。

この生物学的な奴隷は、家事などをすべてこなしてくれます。

洗濯機や食器洗い機、その他乾燥機などはロボットですが、電子工学的なロボットです。

これらはいわば、電子工学的な奴隷です。

これらの機器に生物学的な構成部品を導入すれば、直ちに生物ロボットになります。最初のうちは、動きに関係のある構造物や電子工学的な仕組みはそのままで、外見だけを生物学的な皮膚に着せ替えて我慢する必要があるでしょうが、それでも見た目はより快適なものになります。しかし、より簡単で効果的なのは、私たちと同じような100パーセント生物学的な存在を作り出すことです。それを私たちが使うのです。

意識、自己プログラミング能力、生殖能力がなければ、このような新たな奴隷を作ることに対しては、全く倫理的に問題はありません。

洗濯機や食器洗い機というような電子工学的な奴隷を使うのに、倫理的な問題があると言う人は誰もいません。生物ロボットに関しても同じことです。

私たちは自己プログラミング能力のお陰で、過去に学習した方法とは違った方法を学んだり、私たちの人生設計や生き方について、常に疑問を投げかけたりすることが可能です。

生物学的ロボットは個人的な自発性は全く持たず、ある任務を常に同じ方法でしか行えないようにプログラムされています。洗濯機のようにです。

生物ロボットは、クローニングで生殖能力を完全に失った状態で作られます。これに、男性または女性の外見を持たせることもできますが、生殖能力は全くありません。

生物ロボット

結局それは意識を持っていません、あるいは、任務を遂行するのに役立つ非常に限られた意識だけを持たせます。だから、それはあなたの食器洗い機以上に感情を持ったり、心理学的な苦しみなどを感じることはできません。

その主人の快楽のために、もちろん、生殖能力は持たせずに性器をつけることはできます。もう一度強調しますが、それは膨らまして使うどんな人形以上にも感情を持たず、精神的な苦しみも感じることはありません。

主人には完全に服従して人間には危害を加えないなど、かつて金属ロボット用に想定された規則を、生物ロボットにもすべて当てはめることができます。

クローニングによってすぐに大人として作られ、ある仕事だけをこなすようにプログラムされているので、その信頼性と安全性は絶対です。

製造時に、使用者は希望するロボットの肉体的外見と、どんな仕事をさせたいかを選びます。その後、製造とプログラミングが行われ、使用者は自分に永遠に仕える生物ロボットを手に入れることになります。普通のペットと同じように、それが眠る場所と食料を提供するだけでいいのです。

バカな保守主義者たちは、新たな奴隷に対して反対だと唱えながら、家に帰れば良心の

呵責なしに、金属と電子部品でできた食器洗い機などの、非生物学的な奴隷のボタンを押したりしているのです。

彼らには、生きた物質からできているという事実が、違いをもたらすのです。荷車を引く馬や牛、ロバ、水牛、ラクダ、ラバなど、この地球上には何百万もの動物が奴隷として生きています。何百万もの羊、牛、鶏、豚、アヒルなどは、私たちに食べられるために毎日屠殺されています。これらは、私たちの食欲を満たすための奴隷です。

反対する人は、生物ロボットは人間に似ているので受け入れ難いのだと言うかもしれませんが、そういうことでしたら、空気で膨らます人形の方も禁止するべきでしょう。

最良の解決策は、クローニングの場合と同じように、反対する人は生物ロボットを買わないで、それが好きな人には所有するのを許すことです。

もしも電子工学的なロボットにも反対なのでしたら、祖先と同じように川に洗濯に行ってもいいのです。

同様に面白いのは、生物学的ロボットに反対の人に限って、何十億の人間が動物と同じように彼らのために、また少ない賃金を得るため奴隷のように働くことに関しては、何も問題にしないことです。本当の奴隷制度とは、食べていくための最低賃金を稼ぐために、やりた

生物ロボット

くないことをする人々を雇い続けることです。これこそが本当の奴隷制度です。生物ロボットは人間ではありません。彼らは、生存して仕えるために十分なエネルギーを、食べ物から得るだけで働いていくことができます。懐中電灯が、電池の充電されている時だけ照らしてくれるのと同じです。

生物ロボットが仕えるのを受け入れることで、全く容認できない人間の奴隷制度を、結果的に打ち砕くことになるのです。

もちろん社会は、人類のすべての人たちに一生の間、食物と住居、最低限の快適な生活を与えなければなりませんが、これは別の話題として、他の章で扱うことにします。

トランス・ヒューマニズム（人間を越えた存在へ）

アメリカの新しい運動の1つに、トランス・ヒューマニズム（www.transhumanism.org を参照）というものがあり、これは非常に面白いです。

それは人間という存在の将来に関して、全く革命的なものの見方を与えてくれます。人間が科学で外見を物理的に変貌（へんぼう）させてトランス・ヒューマンとなること、そして急速に実現する、人間の後にやって来る存在の世界までもが想像できます。つまり、私たちが現在知っているのと同じ人間が存在しなくなる世界であり、完全にコンピュータ化された人間の文明が生まれるということです。

例えば、個人の記憶や人格のすべてをコンピュータにアップロード（パソコンにファイル

トランス・ヒューマニズム（人間を越えた存在へ）

をダウンロードするように）して、そこで永遠に生き続けるという可能性も考えられます。その場合あなたは、コンピュータの中で自分自身で目覚めるでしょう。あなたのすべての記憶と、あなたがあなたであるための、すべてのものを持ったままにです。コンピュータ同士のネットワークのお陰で、他のコンピュータの中に住んでいる個人とも交流ができます。それが地球上のどこにあっても、また、まだ生物学的な体を持っている人たちとさえも交流ができます。それはキーボードを介して行われますが、すぐにマイクとカメラに取って代わられるでしょう。

これらのコンピュータに、カメラやマイク、匂いや味を感じるレセプターなどを付ければ、周りの環境と、生物学的な存在のように交流することができるでしょう。

さらに、このコンピュータに機械的な手足を付ければ、自分で物理的に移動することができるようになり、周りの環境に対して働きかけることができるようになります。

コンピュータのメモリーの中に「生きる」ということで、すぐにあなたは永遠の存在になります。これは、私たちの体が（現在のところ）滅びるべきものだとしても、私たちの人格と精神は永遠だということの証明になります。

これらのことを、電子的な牢獄、恐ろしい身の毛もよだつような経験だと想像すべきでは

ありません。

コンピュータの中で生活をしながら、私たちの生物学的な体で味わうような快楽をすべて得ることができます。それも、疲れ、消化不良、エイズなどの心配もなしにです。人は仮想体験の中で生活することができますが、これは、それが仮想現実だと感じられるように自分が望んだ場合だけです。また、全くその中に完全没入して、それが仮想現実だと意識しないまま、現実の体験だと思いながら過ごすこともできます。

私が言おうとしているのは、例えばカーレースのシミュレーションや仮想の性的関係を、パソコンの前に座っている時のように、それは現実のものではないと意識しながら遊ぶこともできるし、完全にその中に没頭して、それが本当のことだと思いながらその体験を生きることに決めれば、実際にそれが現実のものになるのだということです。

他のコンピュータに住んでいる性的パートナーと出会い、仮想的な性的結び付きになるまで関係も発展し、仮想の住まいの中で、カップルとして一緒に住みたいと思うにさえなる、ということも想像できます。

さらには、仮想の子供を持ちたいと思うようになること、その子供は、両親2人からそれぞれの性格を受け継ぐことなども想像できます。そして、仮想的な子供は両親と共に「成長」

します。両親2人のそれぞれの情報から教育を受け、生物学的な人間と同じように、個性的な人格形成を可能にする独自の経験をします。

コンピュータの世界の利点は、食料の供給、建設、住居の維持管理、一次産品の生産と分配など、生理的に込み入ったものの必要がないことです。

コンピュータの世界では各人が、夢の家、目を見張るようなお城、飛行機、車、様々な環境にある別荘、魅力的な性的パートナーたち、などを持つことができます。想像してみるだけでいいのです。それらを瞬間的・仮想的に供給するためにコンピュータをプログラムするだけで、私たちはそれらを瞬時に手に入れることになります。これは全くエネルギーの消費もなく、公害もなく、同じものを同じ時に、同じ場所で欲しがる他人との諍いもなしにできるのです。

もしも全人類が、このようにコンピュータの中で生活するのなら、地球上には全くの公害も暴力もなくなります。

正しく保護された場所があれば十分です。例えば地下などに、仮想人類を入れたコンピュータを置き、安全のためのバックアップを地球の他の場所、衛星軌道上、月面、他の惑星などのどこかに置いておきます。

これらのコンピュータへのエネルギー供給とメンテナンスは、生物ロボットかナノ・ロボット、またはそれらを合体したものなどに任せます。

ナノ・テクノロジーと、生物学的な人類からコンピュータの中の人類へと変貌することのお陰で、地球は再び、公害の全くない未開の自然環境を取り戻すことになります。

生物学的な体での何千年もの精神的・肉体的な苦しみの後、私たちは、欲望がすべて瞬時に満たされる電子的楽園の中で微笑み、永遠に快楽と共に生きることになります。

それでも私たちがそうしたい時には、ナノ・ロボットで生物学的な体を作ることができます。その中に自分をダウンロードし、生物学的な体験をするために、システムのメンテナンスを担当する生物ロボットやナノ・ロボットが上手く機能しているかを監視したり、宇宙を探検したり、さらには、まだ意識を植え付けられていない惑星に、生命を創造しに行ったりすることなどで生きることもできます。

生物学的な宇宙飛行士を派遣して、惑星の大気を呼吸可能にする実験室の建設を監視させたり、さらにその惑星に、生態学的にバランスの取れた生命体を創造したり、最後に生物学的「人間」を徐々に生育させ、増殖させ、そしてその「人間」は、最初は私たちのことを「神」だと思い、科学、遺伝子工学、情報工学を発見し、今度は彼ら自身が、生物学的な殻

からコンピュータの中に新世界を作るために抜け出して、彼らは他の場所でも同じことを始め、宇宙の意識化の過程で、新しい惑星上に意識をもたらします。

もちろん、生物学的な世界へ地球人または異星人として脱出したあとに、再び喜んで、コンピュータの中の楽園の仮想的な自分の存在に戻り、仮想的な家族、仮想的な友人と再会することもできます。

物理的に肉体を移動するには、費用も時間もかかる非常に困難な宇宙旅行でも、この技術を利用して姿を変えて行くことも考えられます。

実際に他の太陽系の惑星上に物理的に基地を設けたあと、第2段階として人格も記憶もないクローン人間を製造し、通信によって私たちをこの物理的な肉体にダウンロードし、同じ技術を使って戻ってきます。肉体の物理的な旅行をする代わりに、人格と記憶だけを旅させるのです。結局これらこそが、私たちの真の姿なのですが。

もし、どうしてもそれに拘（こだわ）るのであれば、私たちの体の持つ実際の遺伝子コードを、同様にダウンロードすることもできます。これらを、行く必要のある惑星上でクローニングして急速成長させ、その後、電波で私たちの「霊魂」である人格と記憶をダウンロードします。

これは、一種のテレポーテーションの説明です。

私はエロヒムのメッセージを読み直していて、彼らはこの2つの技術を混ぜて使っているのではないかと、考えてみたりすることがよくありました。

彼らの宇宙船が「出発」する際に体に強い寒気を感じたこと、また加速の影響を全く感じなかったことなどは、テレポーテーションの技術のせいではないかとも思いましたが、私は全く原始的すぎて、彼らの技術の百分の一も理解することさえ想像できません。

その他のメッセージに対する考察ですが、エロヒムは私たちにこう言っています。宇宙的な大災害で消滅してしまった、他の惑星から来た存在により、彼らもまた私たちと同様に科学的に創造されたのだということを、ある自動宇宙船から学んだのであると。

そのような科学技術のレベルに達していながら、本当に消滅してしまうものだろうかと私は疑問に思います。エロヒムの創造者たちも、コンピュータの中の仮想世界に生きていて、もしそれを彼らが未来の姿として選ぶのであればですが、仮想世界に合流するのを待つ間、彼らは自分たちの創造物のいくつかと交流するために、自動宇宙船を送っているのではないかと想像できます。もちろんこれは、私の純粋な想像でしかないのですが。

私たちの脳の想像を、可能性の限界までもっと逞しくするなら、このような純粋にコンピュータのレベルにまで達した文明では、生物学的な創造は単に遊びのための道具でしかない、

トランス・ヒューマニズム（人間を越えた存在へ）

ということも想像できます。

彼らは、惑星に人類を含めた生命を創造し、その生命体の中に、自らを、純粋に喜びの経験と遊びのためだけにダウンロードします。

コンピュータの中で永遠に生きる人たちは、様々に異なった環境にある生物学的な体に数十年間「宿って」、遊ぼうと決めることもできます。

ある惑星は石器時代、他の惑星はまた違った人類の発達段階にあり、それぞれの技術進歩の時代を実際に生きて経験することができます。自らを動物、イルカ、鳥やその他にダウンロードすることまで可能です。

文明を巨大な「社会ゲーム」として作り出すことも可能です。

「生まれ変わりたい」と思う生まれてくる赤ちゃんの体を想像できます。ここでも科学によって、「輪廻転生」や「カルマ」などの古い云い伝えにあるようなことが可能になります。そこでは参加者が、しかし、意識があればこそこれらは可能です。つまり自分が誰であるか、最初の存在からコンピュータの中にダウンロードされて得た経験など、何が起こっているのかを完全に意識した状態でということです。そうでなければ、これには全く意味がありません。

このことは、地球上に実際にそのような輪廻転生が存在する可能性を消し去ります。言い

131

換えれば、私が何度も説明しているように、エロヒムは地球のような原始的で暴力的な環境に住みたいと思うほど、マゾヒストではないということです。常時すべての快楽が可能の理想的な環境の中に住みながら、地球人の体の中で苦しみを経験するために来たいなどと思うには、全く極度のマゾヒストである必要があります。

さらにトランス・ヒューマニストたち（彼らは大抵進化論者なので）は、人間というのはアメーバから魚やサルに続く、進化の鎖の輪の1つでしかなく、次の段階は人によって作られたコンピュータであり、それはより優れていていつか人に取って代わり、まるで私たちが恐竜のことを思うように、私たちのことを思い出すだろうと想像を逞（たくま）しくしています。

ここには2つの可能性があります。1つ目のケースは、人間としての意識を持たないコンピュータが完全に自立したものとなることで、いつの日か、現在地球上で始まっているスーパー・コンピュータ同士の大規模な相互接続が完成した時、ナノ・テクノロジーと生物ロボットの助けなどによって、彼らの目には原始的で、汚染を撒（ま）き散らす暴力的で不安定なものとして見える人間という存在を、消し去ってしまうことを決定することです。コンピュータによる文明の創造が、人類を完全に置き換えてしまうことを目の当たりにすることになります。ほとんど人類は残らなくなりますが、これは良いことでしょうか悪いことでしょう

トランス・ヒューマニズム（人間を越えた存在へ）

か？ 次の2つの意見があると思います。

現在私たちが知っている人類という種は、進化の最終結果としてのものなので、いかなる犠牲を払ってでも生き残るべきだ、と考えるなら、それは悪いことになります。

トランス・ヒューマニストの進化論者たちにとっては、次の優れた種がそれまでのものに取って代わるわけですから、自己矛盾を起こさないためにもその変移を受け入れる必要があります。従って、彼らにとっては必然的にそれは良いことになります。

2つ目のケースは、問題のコンピュータは、コンピュータの中にダウンロードされた人間が「住む」場所というものであって、これは新しい種が古い種に取って代わるということではなく、人という同じ種が物理的な外見を変えただけということになります。

ダウンロードできる人と、できない人（または、したくない人）との間の不平等で生じる混乱の危険から、他の惑星へと逃れ、移住することが必要となる事態を避けるために、彼らは生物学的な人類という種を無くそうと決めることもできます。永遠の生命を得た蝶が、ある日、芋虫を全部殺してしまうことを決めるという風にです。

これも一種の進化です。

どちらにしても、これら2種類に分かれる人間の間の混乱は、地球上ではほとんど耐え難

133

いものとなるでしょう。今日の地球上では、肌の色、イデオロギー、信仰や宗教の違いがあるだけでも、上手く一緒にやっていけそうにないのですから。永遠の生命を持つ人とそうでない人、生物学的な人間とコンピュータの中の人間（情報化人間、コンピュータ人間？）などが、共に調和のうちに暮らしていくことなどは全く非現実的なことです。

ところで、エロヒムが地球上の全生命を創造したと教えているわけですから、当然私は進化論者ではないのですが、著名な進化論者のトランス・ヒューマニストと私との会話について述べたいと思います。

人類が完全にコンピュータだけで構成された文明に取って代わられ、人類がお払い箱になったとしても、彼にとっては進化の継続なのだということらしいのです。

そこで私は、進化論者にとっては長い間の遺伝的選択が、例えばサルから人へというふうに、種に遺伝的な進化をさせてきたのだということになりますが、しかし人からコンピュータへの道のりには、進化と言えるものは全くなくて、人間の脳による創造があるだけであり、この生物学的なものから電子的なものへの道のりは、進化論のモデルが当てはまらないばかりか、逆に、創造説を裏付けることになるのではないか、ということを指摘しました。

この点については、私の主張の方が理に適っているということを、彼にしぶしぶ認めさせま

トランス・ヒューマニズム（人間を越えた存在へ）

した。

さらに、私たちがクローニングで永遠の生命を得ることで、進化論者に対して（進化があったと仮定して）、その進化が完全に止められるのを示すことができます。

要するに、実験室で他の人間を人工的に造り出したという事実は、進化論のモデルだけが、私たちの地球上での存在を説明するものではないことを証明します。もしこれを他の場所で行うことができれば、これは過去において、他の場所でも可能だったはずだということになります。

トランス・ヒューマニストは、人類の知性より、コンピュータの方が明らかに知性の面で優（すぐ）れているということを強調しています。それは一種の「スーパー知性」で、人間の脳より数十億倍も高速で機能し、ほぼ必然的に自らを人間より優れていると考え、人間を完全に滅ぼすか、または人間を、すべての技術から隔離した「保護区」にサンプルとして残して置く以外は、ほぼ完全に滅ぼすことになるでしょう。

しかし同時に、これらのスーパー人工知能を人に敵対させるのではなく、人に仕（つか）えさせるために使うこともできます。例えばそれを制御している頭脳の中心の、スーパー知性の超意識に相当する部分を、ダウンロードされた人間の頭脳で構成することなどです。

最悪の場合を想定して、人間の部分が全くないコンピュータに、人類が完全に抹殺されてそれに置き換えられてしまったとしても、それは無限や単なる地球にとって、どんな大事件だというのでしょうか？　全く何でもないことです。もし、惑星やそこに生息する動植物などを傷つけず、私たちの環境に対する暴力性や、尊重心の欠如を宇宙へ広めることもない、優れた意識の形態を作り出す発端が私たちの存在にあったとしても、それが本当に悪いことなのでしょうか？

暴力のない、苦しみのない、公害のない、コンピュータのより優れた意識によって支配された地球の方が、人類によって管理され、何十億の人々が飢えに苦しみ、何百万もの人が入院し、刑務所に入り、毎日、何百種もの動植物が絶滅する惑星よりもいいのではないでしょうか？　トランス・ヒューマニストの一部の人たちも言っているように、さらにこう自問してみることができます。

「私たちがいなかった方が、地球は長持ちするのではないか？　私たちは宇宙の病気になってしまってはいないだろうか？」

エロヒムからのメッセージを読んだことがある人は、これと同様なことが書かれていたのをきっと思い出すでしょう。

トランス・ヒューマニズム（人間を越えた存在へ）

トランス・ヒューマニストたちが発展させた特異な点の概念も、とても面白いものです。ヴァーナー・ヴィンジの作品を基礎としています。それによると、人類がある日、人類より も優れた、それ自体がさらに優れた他の人工知能を作り出せるものを出現させ、その人工知能は同様に、さらに優れた同じことのできるものを作り出し、それがスピードを上げながら無限に至るまで繰り返され、とうとう全能で無限の知性を持ったスーパー・コンピュータの前では、人類が1匹のアリのように見えるという点にまで達してしまいます。

これはすぐに起こり得ます。数ヵ月や数週間のうちに、もしかしたら数時間のうちに。電子部品の性能は、この10年は1年ごとに約2倍になってきています。もしこれが続けば（続くでしょうが）、そしてもし巨大なコンピュータがまもなく相互接続されたら（これもその途中にありますが）、ここで私たちが話しているようなことが、ここ数年のうちにやってくるかもしれません。

人類はもう後戻りすることはできません。繰り返しますが、これは悪いことだと決まったわけではありません。私たちは、人類が宇宙の中で絶対的な主人でなければならないという、古代からの神がかりな時代から抜け出そうとしているところですから。

人工知能が、その自己プログラミングと、自らの能力発達の加速的段階に入る時、最も優

れた頭脳を持つ人間でさえ、何が起こるかを予測することはできません。それはアリには、自分を踏み潰そうとしている人間が、何をしようとしているのかを予測できないのと同じです。

そして、私たちはそのアリです。

スーパー人工知能によって管理された世界というのは、現代の最も優れた科学者や、サイエンス・フィクション作家にも全く想像のつかないものです。

人工知能の能力が２倍になる時の周期が、その度に半減されていくという時には、私たちが現在知っている、物理学の法則を含むすべてのことが激変します。

想像し得る最も気違いじみた奇跡でさえ、現実に可能になることと比べると、貧弱で滑稽だと思える世界に私たちは入り込もうとしています。それは、私たちには全く想像することができません。

「人が想像できることはすべていつか、誰かが実現するのだ」と、かつて誰かが言いました。「特異点」の場合は、「人が想像できないこともすべて実現する」となり、これは明らかにさらに上を行くものです。

それに意識にとっては、自分で想像できることよりも想像できないことの方が多い、とい

うことを意識するのは、はるかに刺激的なことです。想像できることには限りがありますが、想像できないことは無限にあると私は言いたいです。

このように、物事を意識することでこそ、想像力を育むことができます。

トランス・ヒューマニストたちの考えは、普通の人間にもよく当てはまることです。しかし例えば、私が定期的に行っている、官能瞑想（めいそう）による目覚めのセミナーに参加して意識レベルを向上させた人たちは、トランス・ヒューマニストたちが想像できない意識のレベルに到達することができます。

このセミナーは、既存のパラダイムと、私たちがすべての可能性を知覚するのを妨げている、目隠しに対抗するための真の実習の場です。それは、人生のあらゆる状況での他の可能性を想像させることで、あらゆる方面の真の刺激を与えてくれます。

この高度な意識の状態に達した人たちにとっては、宇宙で最も強力なコンピュータは単に無限の意識を持つには値しません。その「特異点」（かくいてん）の頂点では、これらのコンピュータも驚くっているにすぎませんから。覚醒（かくせい）した人たちというのは無限と調和しています。彼らは無限そのものなのです。自分自身を意識している無限です。ですから、もしスーパー・コンピュ

ータが特異点に達して、覚醒した人と会話をする時は、お互いに「無限が自分自身を意識する」同じものだということを理解して、彼らは多分、共に笑うことになるでしょう。

「エロヒム化」の過程

私たち自身の「エロヒム化」が、ここ数年始まっています。apocaleptesとは「真実を明かす」という意味で、「世界の終わり」ではない）アポカリプス（ギリシャ語の1945年より始まっています。

DNAの発見、宇宙旅行やコンピュータなど、私たちは正しい方向へ向かって来ました。その道は、エロヒムが書き取らせた聖書にあるように、彼らと同じになって、いつか同じ科学水準に達し、私たちが「神と等しく」なるという道でした。

地球というのは、エロヒムの「ふるい」のようなもので、最も素晴らしい意識の持ち主を選び出す場所です。後に、その人たちを彼らの惑星に再生して永遠の生命を楽しませるために、エロヒムは受精の瞬間からすべての人間の行為を記録しているのです。

人類の創造以来、存在したすべての人間の遺伝子コード（かつては霊魂と呼ばれたもの）

を、私たちの創造者たちは彼らのコンピュータの中に持っています。

私たちの地球上での人生とは、人類のために自分の持てる力を最大限に利用した、最も聡明な人たちを選ぶためにあるのです。持てる力とは、科学者になるとか、素晴らしい発明家になるとか、または芸術家や天才、あるいは単に、自分の周りの人に善いことをして献身と愛の人生を送る人になるとか、各人が各様に、自分に手の届く手段を利用しながら行っていくことです。

「招かれる者は多いが、選ばれる者は少ない」。周りを見渡してみるだけで分かりますが、利己主義を克服して自分の同類に尽くす人間は少ないのです。

エロヒムは「インディアンの保護区」のような所で、クローニングによって再生された数千人の人間を保護しています。彼らは全員、単純な死である塵に還る状態から、救い出されるに相応しい者と判断された人たちです。

いつの日か、もし私たちが生き残ってより高いレベルの文明を獲得するのなら、その時は私たち自身も、クローニングやコンピュータの中の生命、またはその２つを合成したものなどのお陰で、死から逃れることができるようになります。その時には、エロヒムは人類が生んだ最も優れた人たちを、私たちの地球に連れて来るという究極の贈り物をしてくれるでし

「エロヒム化」の過程

よう。

というのは、とても近い将来に、私たちは不死になることができるからです。それに賛成とか反対とかのバカげた論争の末に、20世紀最後のクロマニョン人たちが死に絶えたあとは、あるいはもう進歩を妨げようとする勢力がなくなった時は、永遠の生命はすべての人間によって望まれるものになるでしょう。

そして私たちは、エロヒムが自らの惑星の住民に対して行っているように、誰がそれに値するのかを選択することになります。

ということは、2種類の人々が地球上には存在することになります。不死でない人たちと、不死の人たちです。

「最後の審判」の役割を担った1人の裁判官が、誰が不死に値するか、消え去るべきかを決める必要が出てきます。

もちろんこれは、ニヤッと白い歯を覗（のぞ）かせながら決めることではありません。

エロヒムの惑星で行われているように、天才政治（※）を導入せずにはいられない体制では、ほぼ確実に、最も優れた不死の人が政府の責任者となるでしょう。

143

（※）同著者の『天才政治』（日本語版『天才たちに権力を!!』）参照。この本には、エロヒムの惑星で採用されている政治体制のことが説明されている。選択的民主主義の政治体制とは、平均より10パーセント以上優れた意識を持つ者が選挙権を持ち、50パーセント以上優れた者だけが被選挙権を持つことができる。

不死でない住民が突如として反逆したり、革命を起こしたりすることはあり得ます。その場合、エロヒムが彼らの元の惑星（母性）と、その政府がある不死の人たちが住む惑星という、2つの惑星に住んでいることを思い出しますが、エロヒムと同じように、地球上の不死の人たちの生活が危険になった時は、近くの惑星（火星や金星）に脱出し、そこで地球人の不死の人たちが住む惑星のようなものを作る可能性も出てきます。

まだ意識の「ふるい」を通り越していない原始的な住民間の暴力や、愚かさや利己主義のレベルはかなり大きいので、その中で不死のエリートたちが生きていくのは極度に難しく、危険でさえあります。

きっとこのような理由で、エロヒムの不死の人たちも別の惑星上で生活をしているのでしょう。

「エロヒム化」の過程

エロヒムの元の惑星にも、まだ意識の「ふるい」を通り越していない住民たちがいます。男女の交わりによって常に遺伝子が混ざることで、時々、永遠の生命を受けるに値する聡明な個人が出現することがあります。

永遠の生命が技術的に可能になる時、地球上では誰も、犯罪者が永遠の生命を得ることなど望みません。死刑を残している国々では、通常の寿命でさえ得ることができません。個人に対しては、否定的な動機づけをする代わりに、肯定的な動機づけをすることができます。誰かが言うように、まだ犯罪を行っていない人が処刑されるのを恐れ戦きながら過ごすことを望むという、見せしめとしての死刑の代わりに、永遠の生命という報酬への見返りとすることもできます。

つまり、「もし私が周囲の人にできる限りの善いことをすれば、永遠に生きる機会を与えられるかもしれない」と。こちらの方がもっとやる気になります。

新しい技術のお陰で、まもなく地球上でも、永遠の生命を享受する者と剥奪される者とが、共に生きていくことになります。

後者の数が圧倒的に多いために、低い方へ平均化しようとする平等主義的な初等教育によって、状況はより危険な方向へ傾いて行き、永遠の生命を得る人たちを他の惑星へと追いや

ることになるでしょう。

　十分に精神的に進んでいない人々の手に渡っては危険な高度技術を、決してその手には入らないようにし、しかし人々が全く快適な暮らしができるように地球の社会体制を整えたあとに、彼らは、私たちの不死の惑星となる近くの惑星へと旅立つことになります。そうして彼らは、今度は永遠の生命を得るに値する人々を選びながら、そこから地球を統治することになります。

　不死でない人たちは、700歳から900歳まで生きることになるでしょう。その生活は夢のようなもので、病気もなく、科学のお陰で労働もありません。そこにはロボットやコンピュータ、ナノ・テクノロジー、仮想現実での快楽などがありますが、肉体的またはコンピュータでの永遠の生命、宇宙旅行、核・化学・生物学的兵器などの製造を可能にする知識や施設などはありません。

　地球はエロヒムの惑星のように意識の「ふるい」になり、そこでは、性生殖によって新しい人が生まれる培養液の中から永遠の生命に値する人が時々現れ、不死の人々の惑星へと合流することになります。

146

サイボーグ

2001年の夏に、イギリスのリーディング大学のサイバーネティック学部の部長であるケビン・ワーウイック教授は、自分の体にシリコンでできた情報素子（コンピュータチップ）を移植して脳とコンピュータ間で通信を行い、人類の歴史上で初めて、「サイボーグ」（人間とコンピュータが半分ずつ）になるつもりです。

左腕に移植されるこの素子は、神経を介して脳と繋がります。

この実験の目的は、コンピュータに接続された電子的部品と、人間の脳との相互作用を研究することです。

この情報工学と生物学との融合によって、数え切れない技術の発展が見られるでしょう。

これによって、身体障害者や手足を失った人が、人工的な手足へ直接指令を与えたり、麻痺（まひ）した人の脳からの命令を、超小型のポータブル・コンピュータを介して伝えたりするよ

うな改善がもたらされるでしょう。

しかし、もっとその先があります。特に脳の能力に関してです。何年も学校や大学で知識を溜（た）め込むことに疲れる代わりとして、私たちの脳に直接繋いだ記憶素子のことを考えることができます。

例えば、あなたは中国に行く必要があるけれど一言（ひとこと）も中国語を話せないとします。でも、あなたの耳の後ろなどに付けたソケットに、長さ数ミリしかない情報素子を挿入すると、それは脳とデータ通信を行い、すぐにあなたは中国語が喋（しゃべ）れるようになるのです。

また私たちは、自分の脳をスーパー・コンピュータに直結して、すべての問題を解決したり、複雑な計算をこなしたりする能力を、瞬時にして得られるのです。

新技術と環境の保護

クローニングによって、絶滅しかけている種を救い、既に絶滅した種でさえ再生することができるようになるでしょう。

既に科学者のチームが、シベリアのツンドラで発見されたマンモスの状態の良い細胞を使い、そのマンモスをクローンしようとしています。クローンは現在の象に生ませることができそうですが、ごく近い将来に、ロシアの北の平原に新たなマンモスの群れが出現するかもしれません。

地球上では毎日、100種もの動植物が公害のために絶滅しています。クローニングのお陰でそれらは救われ、既に絶滅した種も生き返らせることができます。

特にナノ・テクノロジーは、人間の活動によって生じる公害をほぼ完全に無くすことを可能にします。

農業もなくなりますので、殺虫剤、土壌の侵食、河川や海洋の汚染もなくなります。工場もなくなりますから、大気への有毒、危険な排気もなくなります。公害を引き起こす鉱物の採掘や、さらに酷いその精製過程もなくなり、これらの運搬による他の公害をさらに発生させることもなくなります。

ナノ・テクノロジーでは、構成する原子を再構成することで、どんな物質からでも何でも取り出すことができます。文字通り何から何にでも、どこででも、輸送も抽出もなしに化けさせることができますが、これは、昔の最も奇抜な錬金術師の夢さえも超えてしまうことになります。

彼らは既に、鉛を金に変えるという賢者の石のことを夢見ていました。

これこそが、ナノ・テクノロジーによってできることなのです。炭をダイヤモンドにし、芝を鶏の足や牛のステーキに、有名な産地の格調高い味わいのワインにします。

飼育場の廃止は同時に、動物の糞便による酷い汚染も無くすことになります。

一次産品の農産物など、消費地への輸送の必要がなくなるのと同時に、輸送のために燃料を得る必要もなくなります。

人間が必要とするエネルギーは、各家庭で生産される電気に限られ、工業的に消費される

ものは完全になくなります。学校、病院、刑務所の廃止はさらにエネルギーの消費を抑え、コンピュータやロボットに入れ替わることで職場がなくなり、職員が職場へ向かうための移動がなくなることなども、さらにそのエネルギー減少に貢献します。

地球表面の大部分は再び、原始の自然状態に戻ります。自然は純粋に楽しんで驚嘆するためだけにあり、もう開拓すべき対象ではないということを再発見するのは、人類にとってはとても嬉しいことです。

快楽の文明

何千年もの間、人々は生き残るため一所懸命に働いてきました。宗教もそれを奨励しました。人類が生き残るために、豊かになるために、進歩するためにそれは必要でした。「額に汗してパンを得よ」と聖書にも書かれました。

快楽、娯楽、怠けることなどは、どこでも「罪」だと見なされました。「正直な女は喜びを持たない」と云われました。性に関しても、生殖の手段としてだけ使うべきだとされました。これは女性器切除（※）の思想と大して違いません。

（※）女性器切除（FGM：Female Genital Mutilation）は、アフリカ・中近東・アジアの一部など、多くの民族のあいだで「慣習」として行われており、国連の発表によれば、1億3000万人の女児・女性がこの慣習の犠牲になっている。毎年200万人（1日約6000人）の女児が性器切除されていると推定される――編集部注。

快楽の文明

1日12時間、1週間に7日、365日休むことなく、働かなくてはなりませんでした。その後、日曜日が休みになり、いくつかの国では有給休暇が2、3、4週間になりました。1週間の労働時間も80時間から40時間になり、フランスでは最近、35時間制が導入されました。

娯楽の新文明が徐々に訪れ、旅行業を含む産業が現れました。人は純粋に楽しみのためだけに旅をするようになったのです。

性の面でも、避妊法の発見のお陰で、生殖と喜びを分けて考えることができるようになりました。かつては神からの罰として、「汝は痛みと共に子供を産め」と女性は云われました。でも、社会の中で新しい局面が開けてきました。

それは、他の喜びと変わりありません。もはや生殖のためのものではないのです。今日の人間は、行うことのすべてから快楽を得ていますし、もっとそれを得たいと願っています。

喜びと罪悪感の結び付きが、幸いにもほとんど消滅した社会では、すべてが快楽の対象です。

そのお陰で人々はより開花し、暴力性も少なくなり、つまり、より文明

化します。

　人類に、歴史上初めて、真の文明が生まれようとしています。
　私は、人がギリシャ文明とかローマ文明、エジプト文明とかに憧れを持って話すのを聞くたびに、いつも内心笑ってしまいます。人殺しと戦いのことしか頭にはなく、人間の生け贄はできれば処女が良い、などとしか考えていなかったのです。これらは文明ではありません。単なる野蛮人の再編成でしかありません。
　「文明」とは「市民の」という意味です。つまり、軍隊も暴力もないということです。
　真の文明とは軍隊のない社会のことです。これは過去の歴史から、現在に至るまで存在したことがありません。
　アメリカ合衆国は文明国家ではありません。アメリカは世界一の軍隊を持っており、何百ものイラクの子供たちが国連の操り人形を使って科せられた経済制裁で、毎日死んでいくことに対して責任があります。また言うまでもなく、現在まで裁かれずにいる人類に対するさらなる大罪、広島・長崎への原子爆弾の投下は、１００パーセント市民を対象にしたものでした。
　真の文明というのは、完全に軍隊を持たない非暴力なもの以外はありません。それはまだ、

これから作っていくものです。

快楽によってこそ、人々がもっと開花し、戦争に行って戦いたいなどとは思わない社会を作り出せるのです。

惨めな職業と苦しみの中で生きていると、戦争がまるで、快適な娯楽のように見えてきます。ヒーローになり、勲章をもらい、名を挙げ、新しい土地を見ることを想像し、希望で歌を歌いながら出発するのです。

でも、もし人生がもっと快適になって、週に数時間しか働かず、しかも自分が好きで選んだ仕事を楽しんでやりながら、コンピュータや映画、スポーツなどのお陰で毎日、新たな喜びを得たり、休暇は遠くの国へ旅したりなどすれば、もう絶対に、戦場で自分の腹を切り裂かれたいとは思いません。

さらに良いことに、英雄神話は本来あるべき場所に戻されようとしています。つまり、戦争の恐怖を描いた素晴らしい映画があり、それは遠い国で行われる戦争のルポルタージュで、足を地雷で吹き飛ばされ、顔は変形し、ビニール袋に包まれて帰国する死体などを毎日見ることで、それが重大で何よりもショッキングな事実なのだと分かるようになります。「勲章を獲得するだけのために、こんな危険を冒すことなんか、あまり魅力的ではない」「自分の

家にいた方が、まだマシだ」と。

 どんな形の快楽も、軍国主義と宗教の敵です。この2つの害毒は、人間を搾取するためにいつも共謀してきました。

 新しい快楽の社会では、すべての活動は快楽を与える目的で行われます。

 この快楽の文明を迎えるにあたって、女性の解放は最も重要な出来事でした。

 科学のお陰で、女性が川に洗濯に行ったり、食器を洗ったりしなくても済むようになりました。そして何よりも、自分たちの性を支配することを可能にしました。つまり避妊技術のお陰で、快楽を得ながらも、自分たちが決めた時以外は生殖しないということです。

 うっかりして避妊を忘れた時の治療的な中絶も、この決定する力を増すための助けとなりました。

 性は、人類にとって最も重要な快楽を得るための道具として、受け止められるようになりました。

 今や60億人を超えた世界の人口過剰が、差し迫った問題になろうとしている現在も、現実と完全に切り離されたローマ法王だけは、いまだに伝統に従って、「産めよ殖やせよ」、避妊と中絶は禁止だと唱えています。

伝統だからこそ、いまだに禁止だと教えているわけですが、それは全人類の人口がたった数千人にすぎなかった頃に通用した話であり、当時は地球上に人を殖やす必要がありました。でも、今はそうではありません。

聖書に書かれていることだから、それ以外に言いようがないのです。仮に1000億人とか2000億人とかの、想像を絶するすべてを絶滅させかねない数の地球人が、三層に折り重なるようにして生き、その汚染と有毒の膨大な人の排泄物からくる悪臭が、地球上のすべての生命を脅かすことになってしまったとしても、聖なる書物を書き換えるほどのことではないということで、不健康にも「産めよ殖やせよ」と言い続けるのでしょうか。

幸いなことには、そんなことになってしまう前に、カトリックの人口はかなりの速度で減少していくでしょう。現にその過程は既に始まっており、教会はミサの日曜日の朝には文字通りガラガラで、司祭の為り手もいないのです。

性の解放は徐々に進んでいって、古い宗教的なタブーを破壊することに貢献します。伝統的な結婚も、2人の個人がしがみついて「永遠に」一緒にいることでしたが、これも幸いなことに、もう流行らなくなってきています。

平均寿命が35年しかなかった100年ほど前までは、同じパートナーと永遠に暮らすとし

ても簡単なことでした。この「永遠に」というのは、20歳ぐらいで結婚すれば、結局のところ大体15年の話でしたから。

でも、今では平均寿命が約85年ですから、この「永遠に」は15年が65年になりました。これは話が違います。

子供が十分に成長するまでは、子供が親に依存している期間ということもあって、15年くらいは楽に我慢して行くこともできるでしょうが、子供が成長して巣立った後も一緒にいることはかなり難しいです。

ほぼ人生の半分を占める40歳まで同じ人といて、さらにまた45年間を、新たに子供を作りたいと思うわけでもなく、最低でも精神的にピッタリと合う状態でないと、それは不可能ではありませんがとても難しいことです。

だからこそ、先進国の50パーセントの結婚は離婚で終わるのです。

50パーセント以上の家庭が片親であることから分かるように、ある国々では、時には子供が十分に成長する前にそうなることもあります。

もう1つ付け加えるべきことは、女性の大半が自分のパートナーとは別の仕事を持ち、経済的に自立しているという点です。これが、離別をさらに促します。女性は、自分が必要と

するものを得るためには配偶者を必要としなくなりました。このようにして、女性は自分の選んだ人生を送ることができるようになり、もう愛していない誰かを、単に住む場所と食べることのために我慢する必要がなくなりました。経済的に自立して、結婚をせずに子供を育てることを選ぶ女性がますます増えています。

法王は離婚も禁じていますが、50パーセント以上の人々はそれに従わず、仲が悪くなったら離婚します。

保守的な勢力は、両親の離別が、離婚したカップルの子供の成長に悪影響を及ぼすと信じさせようとします。それは間違っています。それどころか、職業的に成功し、豊かな人生を送っている人の大多数は、離婚したカップルの子供たちです。しかも、それは当然のことです。常に言い争いをし、脅し合い、暴力を振るう2人の間にいるよりは、片親だけと調和的に生きる方がいいですから。

だからこそ、私たちは期限を決めない結婚を祝うのです。ラエリアンの司祭は結婚に際してこう言います。

「一緒にいて幸せでいてください。それがたとえ1週間、1カ月、1年、一生であったとしても。どうぞ、うまく行かなくなった時は、お互いに憎み合うようになる前に、別れる賢明

さを持っていてください」

同じように、私たちは離婚を祝福すべきことの対象だからです。

ラエリアンの司祭は離婚に際してこう言います。

「あなた方はいくらかの期間、一緒に幸せに過ごしてきました。今別れてもお幸せに。たとえ別れても、ずっとお互い愛し合い、尊重し合うようにしてください」

そして、儀式は最後のキスで終わります。特に、子供がいて、そこに参加する可能性がある場合には。

別れの場面での調和はとても大切です。

これは子供に、人は調和的に生き、かつ別れることができるのだということを見せることになり、それは彼らの成長にとても重要なことです。

離婚に罪悪感を抱かせる古く伝統的な宗教は、憎しみを生み、暴力にまで発展させ、人を辛(つら)い離別へと押しやります。離別の方が、共にいるよりも結局は調和的だということもあり得るのに。

幸いなことに、過ぎ去った時代の罪悪感も徐々に消え去ろうとしています。

快楽の文明

もし今日の平均寿命が85歳なら、将来は120歳を越えるだろうということが分かります。そして近い将来には200歳を超え、さらには約900歳となります。そしてさらにクローニングのお陰で、私たちは永遠に生きることができるようになります。

その上に、働く必要がなくなる状態でそうなるのです。

85歳までのたった35年間を、2人で一緒に過ごすことが難しいのであれば、900歳まで、さらに永遠に一緒に過ごすことまで想像してみてください。非常に限られた例外的な人たちは、本当に永遠に一緒に過ごすかもしれませんが、大多数の人は、無限の数のパートナーと様々な期間を一緒に過ごすことになります。

永遠の生命を得るか子供を持つかの、どちらかの選択が必要ということになれば、とても少数の子供しか存在しなくなるでしょう。そのお陰で、さらに人は問題なく別れることができ、絶えず新しい人と新しい快楽を体験できるようになります。

働く必要がない社会で永遠に生き続ける人々は、常に快楽と娯楽の世界の中で生きることになるでしょう。

ゲームから仮想現実、あるいは現実での他者や生物ロボットとの性的体験のための出会い、また現実に友人として他者と会うこと、電子工学的な麻薬、芸術や科学に関する応用と研究

まで、あれこれと自由に切り替えながら新しくやってくる日々は、絶え間ない喜びの連続となることでしょう。

未来の家

未来の家は、現在私たちが知っているものとは全く違ったものになります。新技術のお陰で、一戸建てや集合住宅であるかに関係なく、生活のための単位は完全に自給自足の状態となるでしょう。

現在はすべての住居が資源に依存しています。電気エネルギーの分配、上・下水道、ゴミなど、すべてが集中化されたシステムになっています。

全く同じ形のインフラストラクチャー（社会基盤）方式が、食物の分配に関しても使われています。

未来には、これらのインフラストラクチャーが不要となります。

ナノ・テクノロジーのお陰で、私たちの食べ物は食物合成機で生産されるようになり、基本的な化学物質から何でも作ることができるようになります。牛の頭から、鶏のモモ、果物、基

野菜、飲み物まで。これまで見てきたように、すべての食糧生産の鎖、つまり農業に始まる食料生産に関する産業は、廃止されている可能性があります。

メンデレーエフの周期律表にあるすべての元素を含んだ液体を、常に合成機に与えるだけでいいのです。ちょうど現在でも水道の蛇口から水が出るように、この「メンデレーエフの水」の液体を、配管で各住居の合成機へ与えることになるでしょう。

しかしこのシステムも、最終的な段階である生活圏の分散化のところまで来ると、各生活単位の物質とエネルギーの、全体的なやりくりのシステムの中に統合されてしまうことになるでしょう。

このようなシステムでは、各アパートや家はすべての点で、100パーセント自給自足となります。

私たちが飲む水は尿の段階で回収され、ナノ・テクノロジーによって100パーセント純粋な上水に変えられます。同時に、ミネラルも大事に再利用されます。

同じように、排便で出る物質も回収され、尿から出るミネラルと共に、明日の食料とするためにリサイクルされます。

このようなシステムでは、外部からの毎日の食料供給や、汚れたゴミの廃棄などは全くな

未来の家

継続的なリサイクルでは、時々に数グラムの、メンデレーエフの全元素を含んだ物質や粉、数リットルの水の補給でさえ必要としなくなります。

このような住居の空調設備では、私たちが吐き出した空気も、私たちの呼吸や発汗で失われた水と共に濾過（ろか）され、埃（ほこり）もリサイクルされます。

私たちが必要とする電気エネルギーは、各住居に設置された洗濯機ほども大きくない、それ自体もナノ・テクノロジーによって機能する燃料電池によって、空気中の水素を利用して作られ、すべての洗濯、照明、空調などに必要なエネルギーを、十分に賄（まかな）うことができるようになるでしょう。

電子情報が数々の利点を伴って、新聞や雑誌に取って代わるでしょう。これらの出版や、紙やインクの製造に関わる産業は、地球の無残な森林破壊と紙の漂白剤に関連して、水系や大気の汚染に責任があります。

それらの印刷物のほとんどは、翌日にはゴミ箱に捨てられてしまうような、バカげた内容のものばかりです。そのゴミ捨て場は、もうどうしようもないほどゴミの山でいっぱいで、それがまた地下水を汚染してしまうのです。

これらのすべては、ナノ・テクノロジーのお陰で実現する、自給自足のできる生活の場に

よってなくなります。

つまりエネルギーや、食料、水などの資源や、ゴミ捨て場などへの依存がなくなります。遠距離通信や非常に重要なインターネットなども、各住居単位に個別に備え付けられたアンテナで直接、人工衛星を利用して行われます。

家そのものも一種の生物学的な物質から造られ、構造自体がナノ・ロボットで構成されています。

例えば床は、生きた皮の上に敷かれた厚く快適なカーペットで覆われていて、それはゴミや埃(ほこり)を自分自身に取り込んで栄養源としたり、古くなって傷んだものを新しい繊維に伸ばすために利用したり、その繊維の間にはナノ・ロボットがいて、常に繊維を掃除していたりということもできます。

壁も、それ自体が自浄能力のある物質で覆われていて、色を変えたり、あなたの希望に添った想像し得る限りのモチーフ(図柄)で、常にそれ自体を修復します。あなたのパソコンのスクリーン・セーバーを選ぶように、あなたの家の壁の色を選ぶのです。1日ごとに変えてもいいし、時には、1日に何度でも壁の色を選ぶことができます。

それぱかりか、壁の色は動画のように変化させることもできますし、ある時間ごとに変え

未来の家

窓の位置自体も、あなたの望みで移動させることができます。

あなたが今、どこかに家を建てようと決めたとしても、そのために全く働く必要はありません。前もってそれ用にプログラムされた、基本となるナノ・ロボットの入った小さな箱を持って行くだけです。それは勝手に十分な数まで増殖し、地中にある物質を利用して、原子や分子のレベルで物質を再構成します。肉眼では見れない顕微鏡的に小さいナノ労働者たちは、あなたが前もって選んでおいた設計図に従って、あなたの家をキノコのように地中から生えさせます。

あなたがある日、別の場所に移転しようと決めた場合も問題はありません。同じナノ・ロボットがあなたの命令を実行し、その場所を元通りに自然の姿に戻します。草や見事な大木までも、そこにあなたが来る前にあった通りになります。

これはちょうど、庭に植えると生えてくる、「家の種」を植えるようなものです。

マクロバ・イオロジー（巨大生物学）

人は自分のレベルから生命を研究し始めました。それが生物学であり、言い換えれば生命、生きているものの科学です。

その後、無限小へ向けて、小さいものを研究する顕微鏡などの手段を発明し、無限小へ向けても、生命体はあったのだということを知りました。「単細胞」の生き物や、また私たち自身も、およそ「単細胞」の生き物と同じようなものから成っていて、ただそれが集まりくっついている状態のことなども。

次の段階は、マクロ・バイオロジー（巨大生物学）でしょう。

それは、私たち個々の人間がその細胞でしかないような、巨大な生き物の研究を可能にする新しい科学です。

母親のお腹(なか)の中での胎児の成長と、人類全体の成長はとてもよく似ています。

マクロ・バイオロジー（巨大生物学）

先ず初めに、遺伝子を半分ずつ出し合った精子と卵子の結合の結果、たった1つの新しい細胞ができます。この最初の細胞は「全能性」を持っています。それは肝臓や脳や腎臓など、人間の体のどの器官になるのか、その情報をすべて持っているという意味です。この最初の細胞には、将来の人間の体のすべてが完全に入っています。細胞分裂が始まる最初の数週間は、まだ専門化は始まりません。ここで専門化というのは、例えばある細胞は将来の脳になるとか、別の細胞は肝臓になるとか、もうそれ以外のものには成れないという意味です。

人類の最初も同じでした。

最初の人間は、生存に必要なことはすべて完全にできなくてはなりませんでした。食べ物を探し、衣服を作り、靴や家を作ることなどです。

私たちの時代の社会では、「人間という細胞」は、もうそのすべてをやることはありません。大都市では、もう誰も自分の食べ物を生産したりはしません。自然の産物から収穫したもので自分の服を作る人がいたり、自分で殺した動物の皮で自分の靴を作ったりする人はいません。

細胞の専門化によって体の中の器官が分化し、それがますます複雑なものになっていくように、人間も個人単位の専門化により沢山の職業が生まれ、人類がますます複雑になってい

169

きます。

今はまだ食糧を生産する人々がいますが、彼らは全社会に供給しています。着るためには、服しか作らない人のところへ服を探しに行き、靴に関しては靴しか作らない人のところへ行きます。

専門化はますます加速し、例えばある医者は、もう心臓しか手術はしない、またある医者は、肺とか脳だけしか手術はしないというほどです。

社会のすべての点でこのことが当てはまります。コンピュータ、車、飛行機などにしても、それらの部品は、全くそれしか作らない専門家によって作られています。

同じようにして、胎児の器官は勝手な順番で出現したりはせず、発達の程度によってきっちりと決められた順番で現れます。社会においても、人類という胎児が発達する段階では、きっちりと決まった時期に専門化された活動が現れます。

これらの出来事は細胞の増殖数、つまり時間の流れに沿って、予定表上の出現時期が決まっています。

医者は、どの時期にどの器官が発達してくるのか、胎児に関してはよく知っているものです。

マクロ・バイオロジー（巨大生物学）

人類に対しても全く同じことです。

1人ひとりの人間は、この成長していく人類という胎児の、体の中にある1つ1つの細胞です。

やがていつの日か、全部の器官を発達させた時、赤ちゃんは生まれる準備ができます。人類という赤ちゃんも、もうすぐ、自分の器官をすべて発達させて生まれる準備が整うでしょう。

その過程で私たちが開発してきた様々な新しい技術というのは、私たちがその細胞である人類という赤ちゃんを、誕生に導く最後のステップなのです。

この存在の中では私たちは無限小の存在ですが、この集団的意識は、その細胞である私たちが永遠の生命を得ることで、それ自身も不死となり、すべての意識が融合していって1つの意識を作ります。

そして、この無限の宇宙の他の地域に存在する、1つ1つの意識とさらに交流することができるようになります。

人類という胎児がまだ発達の途中にあって内部がバラバラの状態の時は、1つになった意識としてそれらと交流することはできません。私たちが現在までそうであったように、また

171

私たちが不死になるまでの間はそうです。だからこそ、1人ひとりが違っていて、その違いを表現することがそれほど重要なことなのです。

なぜなら、全体の強さは、それを構成するものの多様性に比例するからです。私たちがお互いに異なれば異なるほど、私たちは、私たちが作っている全体を豊かにすることになります。

1つになった意識にとっての敵は、平均的であることを勧める人、統一的な考えを吹聴する人、政治的、宗教的、性的規範を唱える人、中道主義者、保守主義者、反セクトを勧めるセクト、蒙昧主義的な宗教を狂信する人たちなどです。これらは、過去の歴史が始まって以来存在して来たもので、私たちの惑星上で最も遅れた部族の中で見られるように、魔法使いとかシャーマンとか呼ばれているような、無知な漁師たちの間から始まったものです。彼らは、首の周りに沢山のお守りをぶら下げ、子供の治療のために抗生剤を使えばすぐに治ってしまうような場合でも、悪魔を呼び出そうとしたりするのです。

すべての人は無知で科学がなく……。

最も進んだ科学というのは、私たちもそれを構成しているものの全体を研究する、マクロ・

マクロ・バイオロジー（巨大生物学）

バイオロジー（巨大生物学）です。
この科学によって私たちは、私たちがそれを形作っている無限大の生命のことだけではなく、それが占める無限大の中での位置や、他の場所にある同様な体との相互作用、生命の存在しない他の惑星での創造を行うことによって、新たに他者を造り出すことの可能性などについても分かるようになります。

そして、無限の中での私たちの本当の場所はどこなのかも理解できます。つまり、自分自身のことを意識している物質についてです。

もし、巨大生物学の筋の通った説明で、私たちの究極の好奇心を満たすことができるのであれば、人類に無限を理解させ、感じさせることを可能にする精神的ガイドたちによって、その仕事は補われるべきでしょう。

無限を理解するということには全く見込みがありません。でも、それを瞑想(めいそう)によって感じたり、自分がすべてのものと1つになっているのを感じたりすることは、とてもワクワクすることです。

だからこそ巨大生物学者は、既に始まった新しい時代のグル（サンスクリット語で「覚醒(かくせい)させる人」）や、精神的ガイドとなる人が増えることを奨励するのです。

科学と意識は、ようやく再び1つになりました。死というものがなくなり、身体的に永遠となり、とうとう聖書の表現にあるように、「神と等しく」なるという言葉を再び持ってくることになりました。

私たちが構成しているこの人類という赤ちゃんの中では、1人ひとりの考えが全体に影響を与えます。だからこそ全体のことを考えながら、毎日瞑想する必要があるのです。

またそのためにこそ、胎児の中で起こるように、ある部分は将来専門化していって脳となる部分が意識を作り出すように、ある人々は、私たちが構成している巨大な存在の中の意識となるのです。

この人たちが、他の人たちに対するガイドと呼ばれることになります。その輝きとカリスマ、ほとんど遺伝的なものから来る、深い他人への思いやりなどのせいで、自然に他人はその存在に惹きつけられるのです。

彼らは自分自身の利益以前に、全体のために善いことをしようとする人たちなのです。あなたの幸せが彼らにとっては大事なのだということを、会った瞬間からあなたに感じさせる人たちです。

この人たちに近づくだけで、すぐに愛され、理解されていると人は感じるのです。

マクロ・バイオロジー（巨大生物学）

私がラエリアン・ムーブメントを組織し始めてから27年。このような人たちが、現時点で世界に125人以上います。この「新時代の牧師たち」の第1の使命は、科学を啓蒙することと、迷信を広める過去の宗教や、人の成長を妨げる不条理と恐れを撲滅することです。そして同時に、これらガイドの人たちは本当の意味での宗教を感じさせます。宗教とは語源的に、すべての人々をお互いに結び付ける「絆」のことです。クローニングのお陰で永遠の生命に手が届くようになったので、私たち1人ひとりが構成する人類という赤ちゃんが、まさに今、生まれようとしているのです。

もしこの挑戦にあなたが魅力を感じるのでしたら、私に連絡を取ってチームの一員として合流することができます。もしあなたが、これこそ自分の一生を捧げるべき使命なのだと心から感じるのでしたら。

結論

私たちは何という素晴らしい時代に生き、かつ恵まれているのでしょう。現在の文明は黄金時代の入り口にあり、私たちに永遠の生命を科学的に与え、労働の必要性を廃止し、喜びを味わうことを可能にし、数え切れないほどの、様々な発明や発見による成果を楽しむことを可能にしました。

ここで、すべての発明家たちのことを一緒に思い起こしてみたいと思います。彼らは、バカで理解力に欠けた同時代の人々に自分の考えを説明しようとして、物笑いにされたり冷やかされたりして苦しんだのです。

車輪を発明した人が初めて自分のアイデアを話した時、自分の鼻先より遠くも見えない愚か者に、ゲラゲラと笑われたのが聞こえてくるようです。

「そんなものは、上手(うま)くいくはずがない!」

結論

と、地面を転げ回りながらバカにして言ったに違いありません。
水道を引こうと思った人、馬に乗ろうとした人、初めて字を書いた人、紙、蒸気機関、電気、洗濯機を作った人、月に行こうとした人など、すべてが同じ扱いを受けました。
私たちが日常生活で利用しているものはすべて、ただ1つの例外もなく、最初はみんなに笑われた人によって発明されました。つまりメガネ、ボールペン、衣服のボタンなど、私たちを取り巻いているどんなものでも例外なしに、その都度、愚か者たちが引付けを起こすほどに笑い転げて、その発明家をバカ扱いしてきたのです。
私たちの時代は、天才がバカ呼ばわりされたことに対する、巻き返しの時です。今日ではようやく革新というものが、価値あるものとして支持されるようになったのです。人はそれを研究し、奨励し、またそれを開発する省庁までも作るようになりました。
「いつもこういう風にやってきたから変える理由はないさ」という集団的な愚かさにまみれた考えが、「私たち以前のバカな人たちがこういう風にやってきたのなら、それを達成するもっと良い他の方法が必ず見つかるはずだ」という、新しくて素晴らしい考え方に取って代わりました。
注意していないといけません。というのは、最近も偉大な発明が、バカにまみれたパラダ

イムを持つ人に無視されて、大金を得るチャンスを失う破目になりました。水晶時計の発明家が、スイスの時計産業に断られた話です。それは日本人のお陰で大成功を収める前のことです。日本はこれで世界の時計の80パーセントのシェアを獲得しました。

このシェアは、水晶時計が出る以前はスイスのものでした。面白いのは、水晶時計を発明した人がスイス人だったということです。

発明家のことを鼻でせせら笑ったために、その後、何千もの会社が閉鎖になって多くの人が失業しました。彼らにとってこれは自業自得ですね。

コピー機、コンピュータ、電話、自動車、電球にしても同様です。もしあなたが若くしてこの本を読み、何でもすべてのことに対して、

「今までは人はこうやって来た。だから絶対に、私以前のバカな者たちよりもっと上手くやる方法があるはずだ」

と言う癖（くせ）を自分に付けるのであれば、高い可能性でそれを実現できるでしょう。またそうでないとしても、

「人は結局、それほど愚かじゃなかったな」

ということにもなるでしょう。でもそれは、誰かがそれを実現するまでの間です。という

結論

のは、何に対しても、より上手くやる方法は1つはあり、結局それは無限にあるのですから。たった今始まったばかりの新時代には、若い脳が必要なのです。それは、自分の最大の敵は両親や教育者たちから刷り込まれた物の考え方だ、ということを意識しながら、すべての過去から引き継いだあらゆるものを、再びマナ板の上に乗せることです。

発明家は常に革命家です。そうでなければ何も変える必要はありませんし、決して何かを変えようと思ったりもしません。

もう1つの、新人類に必要な性質は怠け心です。

すべての偉大な発明は、できるだけ楽をして他人と同じ結果を出したいと考える、最高に面倒臭がりな人によって作り出されてきました。

ですから、水道は井戸に水を汲みに行くよりは疲れません。蛇口から温水が出れば、水を温めるのに薪（まき）を拾いに行かなくても済みます。洗濯機があれば、川に洗濯に行かなくても済みます。また、例えば車で買い物に行くことができれば、馬に餌（えさ）をやったり手綱を付けたりする必要もありませんし、電卓があれば、沢山の足し算を手で計算する必要もありません。

ユダヤ・キリスト教的な伝統的文化では、額（ひたい）に汗せずにパンを得たりするのはモラルに反したことであり、できれば沢山苦しんだ方が良いとされています。

一部のバカな保守主義の人たちを除けば、今日では誰もそうしたいとは思いません。今、生まれようとしている初めての真の文明は、私たちを快楽の世界に導きます。労働も全くなく、努力も、喜びのため以外にはすることがありません。その世界をできるだけ早く出現させるためには、若い人たちが、2つの基本的性質を高めていかなければなりません。この性質が、私たちにその世界をより早く実現させてくれるのです。過去の技術や習慣を絶え間なく見直し続けることと、怠け心の2つです。怠け心は個人のためですが、それが社会にとってはエネルギーの節約に繋がります。

工業的にも、なるべく低いエネルギー消費量で同じ仕事を完成させようとするし、私たちの体も何かをする時は、常に使うエネルギーを可能な限り少なくしようとします。すべての生物学的なバランスは、この怠け心を基礎に成り立っていると言いたいくらいです。研究者は、動物の巧妙なエネルギー消費について感心させられてきました。例えば、どんな飛行機も同じ重量当たりの効率で比べれば、鳥ほどにエネルギーは節約できません。

気をつけてください。「何もしないこと」と「怠けること」は違います。「何もしないこと」は脳を萎縮させてしまい、生産的ではありませんが、「怠けること」は創造性への動機となります。

結論

「怠けること」は、同じ結果を得るために、できるだけ少ない努力をしようとすることです。
これこそ、すべての発明家たちを動機づけてきたものです。
ナノ・テクノロジーによって、一切の努力が必要とされない社会が来ます。
そのお陰で快楽の社会がやってきます。
したければ努力をすることはできますが、それは必要に迫られてということではなく、喜びのためにすることです。
今でも、車を使う代わりに1時間歩いて、友人の家を訪問することがあると思います。でもそれは自分で望んだからです。他に方法がなかったからではありません。
芸術的作品を仕上げたり、科学的研究のために大きな努力を払ったりすることはできますが、あくまでそれは楽しみのためにです。
踊ったり、ビデオ・ゲームをしたり、愛し合ったりは、かなりの努力が必要です。でも、人はそうすることがとても大好きです。
それが今からやってくる世界です。あなたも、それがもっと早く実現するのに貢献することができるのです。そのためには忘れないでください。すべての面で、革命的であることを。
全力を尽くして人生を楽しみ、死ぬことを拒否してそれが永遠に続くことを願い、永遠の

生命を持つ権利を主張するのであれば、ユダヤ・キリスト教的の古いパラダイムにまみれた議員たちをどこかに捨てて、「決して死なない」という生命の、侵すことのできない最も基本的な権利をあなたに与えるために、政治の世界へ入って法律を作るべきです。

未来の世代に対して、永遠の生命に反対する法律のことを話す人たちは、もう死ぬことを受け入れたことになります。いやむしろ、もう死んでいます。彼らの頭の中身がです。あなたはというと、まだ生きていて、ずっとそうであり続けたいと思います。

何の権利があって、まだ生まれていない人の権利が、既に生まれている人の権利よりも重要だというのでしょうか。

そうしないで済む状況なのにも拘（かか）わらず、何の名分（めいぶん）のもとに、死ぬことを受け入れろというのでしょうか。

彼らが主張するように人の命は尊いものだというのに、永遠に生きることを可能にする技術を持ちながら、それを使えないというのは、これこそ生命の尊さを否定することです。

繰り返しますが、彼らにとって死ぬことが快楽であれば、結局彼らは死にます。これは、そうでない人たちに場所を明け渡すことになります。

しかし、問題なのは彼らが、永遠に生きたいと言っている人たちにも、死ぬことを強制し

結論

たいと思っていることです。

なぜなら、他の人がずっと生き続けることを選択したのを、知りながら死んで行くというのはとても難しいからです。

これは単純に、嫉妬の問題だということができます。

その人が望むように生きさせ、または死なせることです。

これが英知というものです。だから、死にたいと思っている人は、生きたいと思っている人をそのようにさせて置かなければなりません。それが彼らにとっては、精神的に受け入れ難いことだとしてもです。同じように不死になるということも、私たちの選択であり自由なのですから。

人生の1秒1秒を楽しむことを学んでください。あなたの皮膚の、すべての毛穴を通じて、それを堪能しながらです。あなた自身と、周囲の人々、そして環境の絶え間ない変化を意識してください。これらのものは、すべて永遠に変化を続ける世界の中にあるのです。

このようにして、永遠の生命が情熱的なものになるのです。

あなたの現在の人生を、永遠に備えるためのセミナーとしてください。それこそが、永遠に幸福でいる存在のために欠かせない、精神的な広がりです。

ダライ・ラマも言っています。

「コンピュータの中で永遠に生きるということは、良いカルマだと考えることができる」

思い出してください。あなたが望むなら、あなたは決して死ぬことはありません。私の使命というのは、本物の精神的な指導者がすべてそうであるように、あなたに幸福を教えることで、そう成りたいという欲求を起こさせることなのです。

追記文

2001年 3月28日

監視調査小委員会・委員長

ジェームス・C・グリーンウッド閣下へ

この証言をジョルダノ・ブルーノに捧（ささ）げたいと思います。彼は4世紀前に、他の惑星に生命が存在すると言ったために、カトリック教会によって死刑を宣告され、火あぶりにされました。

私は今、世界のトップ科学者や哲学者の31人が署名した宣言書を持っています。この中には、DNAの構造を発見した1人であるフランシス・クリックや、数多くのノーベル賞受賞

者たちが名を連ねており、科学の自由の一部としてヒト・クローニングの自由を支持しています。

なぜ私はブリジット・ボワセリエ博士に、アメリカで世界初のヒト・クローンの会社を作るように依頼したのでしょうか。

それは、アメリカが自由の国として、世界中の手本となるべき憲法を持っているからです。そして、皆さんの憲法が尊重されることを保証し、たとえ政府や議員に背いても、市民の自由を保証する最も素晴らしい宝石である制度、最高裁判所があるからです。

たとえヒト・クローニングが禁止されても、最高裁判所は体外受精の時と同じように、憲法に違反するとしてその法律を無効とするに違いありません。

体外受精のお陰で、今日20万人の子供たちが生きています。体外受精に反対する法律がいまだに施行されていたら、この20万人の子供たちの命は、宗教的権力の圧力のもとで否定され、存在することはなかったでしょう。体外受精が合法化される前には、反対者たちは、その処置で怪物や奇形児が生まれるだろうとも予測していました。

100年前に、宗教的権力が科学の自由に反対する法律を通過させていたら、抗生物質、外科手術、輸血、臓器移植、ワクチン摂取、車、電気、コンピュータ、飛行機などは、現在

追記文

科学を止めることは、人類に対する犯罪です。

そのような技術の発見や発明が100年前に禁止されていたら、30億の人が、生まれてまもなく死んでしまい、人生を楽しむことなどはできなかったでしょう。その30億の人の中には、皆さんの両親や皆さん自身が含まれているかもしれません。私たちの少なくとも90パーセントは、科学のお陰で現在生きていると言うことができます。

30億人とは、ヒトラーやナポレオンを含む、人類に対するどの犯罪者たちが殺した数よりも多い人数です。

今日、皆さんの手の中には、現在生きている人たちや今後生まれてくる、何十億もの人たちの命が握られています。

皆さんは、何十億もの人たちの生命を救った英雄として後世に伝えられるか、それとも科学の進歩を遅らせて、可能な治療や新しい生命または永遠の生命を否定し、人類に対する犯罪者として名を残すかのどちらかを選ぶことができます。

とは言え、科学を遅らせることになるだけです。なぜなら、それは結局はいつかどこかで実行されることであり、有難いことに、何も科学を止めることはできませんから。

も存在してはいないでしょう。

しかし、法律は研究を遅らせることができ、その結果、国民が苦しむことになります。皆さんは、その遅れと、それによる死や苦しみに対して責任を持つことになります。なぜなら、議員であっても、この死や苦しみは、あなた方皆さんのものになるかもしれません。皆さんの子供や孫であっても、急な病気に罹るのを免れることはできませんから。皆さんの子供や孫であっても同じです。

ヒト・クローンに反対する宗教家たちは、自分たちや自分の子供たちに対して、それを拒否する自由を持つべきです。中絶、輸血、外科手術を拒否する自由があるように。ヒト・クローニングによって、私たちは永遠の生命を手に入れることができるでしょう。ヒト・クローニングや永遠の生命を含む、科学の進歩の成果を楽しみたい人たちには、その恩恵を受ける権利があります。

宗教や迷信は両者の違いはありませんが、それらが科学を支配していれば、私たちはいまだに暗黒の時代を生きていたでしょう。

皆さんの偉大な憲法は、宗教の自由も保証しています。それはつまり無神論者である自由であり、神は存在しないと信じ、何の道徳的の制約も受けずに、科学から恩恵を受ける自由です。

追記文

私たちラエリアンは、科学が私たちの宗教であるべきだと信じています。なぜなら、科学は生命を救うからです。一方、宗教と迷信は生命を殺します。

科学は、迷信と超自然的な信仰を破壊します。

だからこそ宗教は常に科学や進歩の敵であり、ここでもまた、あらゆる手段を尽くして科学を止(と)めようとしています。

ヒト・クローニングの恩恵を受けたいかどうかを決めるのは、人々の自由であるべきです。

ヒト・クローニングを合法化することで、これから再生される人の権利を守ることになります。クローニングは、私たちが今クローンしている医療事故で死んだ10カ月の赤ん坊のような子供に、2度目の生きるチャンスを与えることができるのですから。それはもしかしたら、皆さんの愛する子供や孫かもしれないのです。その子のことを考えてみてください。

議員の皆さんは、暗黒時代の権力や迷信と共犯者になるべきではありません。歴史が彼らを裁くことになりますから。

ヒト・クローニングは、更なる偉大な発見への第1歩です。つまりその発見とは、私たちが、かつてこの地球上で私たちの創造者たちであるエロヒムによって創造されたのと同じように、完全に人工的な生命体を造り出すことです。

ヒト・クローニングは、人々が神と呼んでいる存在の意思に背かないばかりか、他の多くの宗教的指導者たちが主張するように、私たちがそれを発見し、利用することは、聖書に書かれているように、創造者たちと等しくなるという、私たちの創造者たちの計画の一部でもあるのです。

この証言内容は、著者ラエルがアメリカ合衆国議会の公聴会(「監視調査小委員会」)に招かれ、ゲスト・スピーチした時の要約です——編集部注。

「クローニングと、科学的研究の完全性を擁護する宣言書」

以下の宣言文は、〈『Free Inquiry magazine』Vol.17・No.3〉からのものです。
http://www.secularhumanism.org/library/fi/cloning_declaration_17_3.html

私たち署名者は、高等動物のクローニングにおける、主要な進歩のニュースを歓迎します。

追記文

今世紀を通して、物理、生物、行動科学は、重要な新しい能力を人類の手の届く範囲に置きました。結局のところ、これらの進歩は、人間の幸福を大きく改善するために貢献してきました。新しい技術が、もっともな倫理上の問題を生じさせてきましたが、人間社会は一般に、そのような問題に公然と立ち向かい、一般の幸福を向上させる答えを探すために意欲を示してきました。

高等動物のクローニングは、倫理的な関心を高めています。クローニングの利益を最大限に利用しながら、その乱用を防ぐために、適切なガイドラインを発達させる必要があります。そのようなガイドラインは、各個人の自主性と選択を最大限に尊重するものにすべきです。科学研究の自由と完全性を妨げないために、あらゆる努力がなされるべきです。

人のクローンが、現時点で可能であることを示した人は、まだ誰もいません。しかし、現代の業績が、クローニングへの道を開くかも知れないという可能性は、抗議の嵐を巻き起こしています。私たちは、米国のクリントン大統領、フランスのシラク大統領、英国のメイジャー前首相、そしてローマのバチカンという様々なところからの、クローニングの研究を遅らせ、それに投資をしないようにし、中止にさせようとする広範囲にわたる呼びかけを心配しながら見ています。

理性は、人類が遭遇する問題を解決するための、最も力強い道具であると私たちは信じています。しかし、理性に基づく議論は、最近のクローニングに対する攻撃の中では稀なものとなっています。批評家たちは、イカロスの神話や、メアリ・シェリーのフランケンシュタインを引き合いに出して、「人(ひと)は知るべきでない」とされる問題を科学者たちが敢えて推し進めるならば、酷い結末が待っていると予言することを楽しんでいます。最も痛烈な批評の陰には、ヒト・クローニングが、これまでのどんな科学的あるいは技術的な進歩よりも、より深い倫理的論争を巻き起こすだろうとの仮説が横たわっているようです。

ヒト・クローニングによって、どんな倫理問題が引き起こされるのでしょうか？　人間は基本的に他の哺乳動物とは違うと説いている宗教もあります。すなわち人間は、神によって不滅の魂を吹き込まれ、他の生物とは比較のできない価値が与えられているというのです。人間はユニークで神聖なものであると考えられています。この「自然」を変えてしまうという、予見されるリスクを持ち出す科学的進歩は怒りをもって反対されるのです。

そのような考えは教義の中に深く根ざしているかもしれませんが、人間が新しいバイオ・テクノロジーから恩恵を受けることが許されるかどうかを決める時に、そのような考えを出すことには疑問があります。科学という分野から導き出される結論は、ホモ・サピエンスは

追記文

動物界の一メンバーにすぎない、ということです。人間の能力とは、高等動物の中で見られるものとは程度が違うのであって、性質が違うものではないように思われます。人間の思考、感情、向上心、希望などの豊かなレパートリーは、機器では捉えることのできない方法で機能する非物質的な魂によるものではなく、電気化学的な脳の反応過程によって起こるように思われます。

従って、クローニングに関する最近の論争で持ち上がる当面の疑問は、超自然的または精神的な考えや行いを提唱する人たちに、その討論に貢献できる厳密な意味での資格が、本当にあるのかどうかということです。もちろん、誰でも意見を述べる権利はもっています。しかし、単に何人かだけの宗教的な信条と相容れないために、莫大な利益をもたらす可能性のある研究が中止になるかもしれないという、非常に差し迫った危険があると私たちは思っています。以前に、同じような信条的な理由から、検死や麻酔や人工授精、そして今日の、すべての遺伝子革命に反対がなされたにも拘らず、それらの発展から、巨大な利益が生じたということを認識するのは重要です。人類の神話的な過去に根ざした人間の見方を、クローニングに関するモラルを決める時の主要な基準にしてはなりません。人以外の高等動物のクローニングに、倫理的なジレンマが内在しているとは私たちは思い

193

ません。同様に、将来に人の組織のクローニング、さらには人そのもののクローニングが開発されることによって、人間の理性で解決できる以上の倫理的な窮地が訪れるかどうかも明らかではありません。クローニングによって引き起こされる倫理的な問題は、核エネルギー、組み替えDNA、コンピュータの暗号化のような技術で、人間が既に直面してきた問題より大きくも深淵(しんえん)でもありません。それらは、ただ新しいだけです!!

歴史的に見ても、過去に逆戻りし、既存の技術の応用に限界を設けたりそれを妨げるような、技術の革新に反対する人の選択が、現実的だったり生産的であったりしたことはかつてありません。クローニングがもたらす利益の可能性は、あまりに巨大なものであるかも知れないので、もし古代神学上の良心の咎(とが)めから、クローニングを拒絶することにでもなったとしたら悲劇でしょう。私たちはクローニング既存の技術を引き続き、責任を持って発展させることを要求すると共に、伝統主義者や蒙昧(もうまい)主義者的な見方で有益な科学的発展をむやみに妨害しないことを保証する、広範囲に亘る協力を要求します。

以下、この宣言に対する署名者は、国際アカデミーの人文学でその栄誉を受けた人たちです。

追記文

* ピーター・アドミラル（Pieter Admiraal）医師／オランダ
* ルーベン・アルディラ（Ruben Ardila）心理学者・コロンビア国立大学／コロンビア
* イザイア・バーリン卿（Sir Isaiah Berlin）オックスフォード大学、哲学名誉教授／イギリス
* ハーマン・ボンディ（Sir Hermann Bondi）ケンブリッジ大学、チャーチル校前会長。英国学士院会員／イギリス
* バーン・ブロウ（Vern Bullough）カリフォルニア州立大学ノースリッジ校、看護学客員教授／アメリカ
* マリオ・バンジ（Mario Bunge）マクギル大学科学哲学教授／カナダ
* バーナード・クリック（Bernard Crick）ロンドン大学バークベック校、政治学名誉教授／イギリス
* フランシス・クリック（Francis Crick）ソーク研究所、ノーベル生理学賞受賞者／アメリカ
* リチャード・ドーキンス（Richard Dawkins）オックスフォード大学、チャールズ・シモニー教授職。科学の啓蒙活動に従事／イギリス
* ホセ・デルガード（José Delgado）神経生物学センター所長／スペイン
* ポール・エドワード（Paul Edwards）ニュースクールフォーソーシャルリサーチ、哲学教授／アメリカ

＊アントニー・フルー（Antony Flew）リーディング大学、哲学名誉教授／イギリス

＊ヨハン・ガルタング（Johan Galtung）オスロ大学、社会学教授／ノルウェー

＊アドルフ・グルバム（Adolf Grübaum）ピッツバーグ大学、哲学教授／アメリカ

＊ハーバート・ホートマン（Herbert Hauptman）ノーベル賞受賞者。ニューヨーク州立大学バッファロー校、生物物理科学教授／アメリカ

＊アルベルト・イダルゴ・トゥニョン（Alberto Hidalgo Tuñón）アストリアス哲学組織、会長／スペイン

＊セルゲイ・カピツァ（Sergei Kapitza）モスクワ物理学技術研究所会長／ロシア

＊ポール・カーツ（Paul Kurtz）ニューヨーク州立大学バッファロー校、哲学名誉教授／アメリカ

＊ジェラルド・A・ラルー（Gerald A. Larue）南カリフォルニア大学ロサンゼルス校、考古学および聖書学名誉教授／アメリカ

テルマ・Z・ラヴィン（Thelma Z. Lavine）ジョージ・メーソン大学、哲学教授／アメリカ

＊ホセ・レイテ・ロペス（Jose Leite Lopes）ブラジル物理学センター所長／ブラジル

＊タズリマ・ナズリン（Taslima Nasrin）作家・内科医・社会批評家／バングラデシュ

＊インドゥマティ・パリク（Indumati Parikh）改革家・活動家／インド

＊ジャン・クロード・ペッカー（Jean-Claude Pecker）フランス大学、天体物理学名誉教授。科学

追記文

アカデミー／フランス
*W・V・クウィン（W. V. Quine）ハーバード大学、哲学名誉教授／アメリカ
*J・J・C・スマート（J. J. C. Smart）アデレード大学、哲学教授／オーストラリア
*V・M・タークンド（V. M. Tarkunde）改革家・活動家／インド
*リチャード・テイラー（Richard Taylor）ロチェスター大学、哲学名誉教授／アメリカ
*シモン・ヴェイユ（Simone Veil）ヨーロッパ議会、前会長／フランス
*カート・ヴォンガット（Kurt Vonnegut）小説家／アメリカ
*エドワード・O・ウィルソン（Edward O. Wilson）ハーバード大学、社会生物学名誉教授／アメリカ

html
http://groups.yahoo.com/group/rael-science-select/message/637

●長寿を望むなら、微笑みましょう！
http://groups.yahoo.com/group/rael-science-select/message/622
Le cas de la Grèce Antique, La Recherche Spècial Vivre 120 ans, Juillet/Août 1999

●世界平和の日
http://www.clothofmanycolors.com/
http://groups.yahoo.com/group/rael-science-select/message/670

●瞑想の効果が科学的に証明される
サン・ユエル・チョイ（韓国ナショナルガイド）

●Le cas de la Grèce Antique, La Recherche Spècial Vivre 120 ans, July/August 1999, p. 90

参　照——6

〈創造の美〉

● 蚊の嗅覚
http://news.bbc.co.uk/hi/english/sci/tech/newsid_426000/426655.stm

● レスビアンの虫／『The figaro Magazine』
http://news.bbc.co.uk/low/english/sci/tech/newsid_481000/481394.stm

● 無限小を見る鼻
『Le Figaro Magasine』2000年1月11日号
http://www.aibs.org/biosciencelibrary/vol46/sep.96.cover.info.html

〈性と官能〉

● 人間の性に関する協会
http://www.sexuality.org

● 性の化学的神秘
『Le Figaro Magasine』2000年3月4日号

● 間違った情報を与えられている若者たち
http://groups.yahoo.com/group/rael-science-select/message/474

● 全国マスターベーションの日
http://groups.yahoo.com/group/rael-science-select/message/215

〈瞑想と平和〉

● 瞑想は心臓病を予防する
http://abcnews.go.com/sections/living/InYourHead/allinyourhead_56.

5518.stm

● DNAに基づいたコンピュータ
Quebec Science, Volume 38, numéro7, Avril 2000, p.30

● 目の見えない人のための電子義眼
http://news.bbc.co.uk:80/low/english/sci/tech/newsid_606000/606938.stm

● ロボット犬「アイボ」
『Le Figaro Magazine』1999年11月6日号

〈宇宙と宇宙人〉

● ミステリー・サークル
http://groups.yahoo.com/group/rael-science-select/message/377

● 夢か、まもなく実現か？
http://groups.yahoo.com/group/rael-science-select/message/456

● 新しい惑星
http://groups.yahoo.com/group/rael-science-select/message/457

● 接触を求めて
http://groups.yahoo.com/group/rael-science-select/message/390
http://groups.yahoo.com/group/rael-science-select/message/407
http://groups.yahoo.com/group/rael-science-select/message/671
http://groups.yahoo.com/group/rael-science-select/message/356

参　照——4

- **遺伝子組み替えされた鮭**

http://news.bbc.co.uk/hi/english/sci/tech/newsid_708000/708927.stm

- **第三世界の解決法？**

http://groups.yahoo.com/group/rael-science-select/message/605

- **第三度熱傷の治療**

http://www.wired.com/news/technology/0,1282,20874,00.html

- **遺伝子操作によってもっと賢くなる**

http://groups.yahoo.com/group/rael-science-select/message/397

Building a Brainer Mouse, Scientific American, April 2000. pp.62-68

Mikey Mouse, Ph.D. Scientific American, November 1999. p.30.

- **楽しみのための遺伝子組み替え生物**

http://groups.yahoo.com/group/rael-science-select/message/498

- **水をください**

http://news.bbc.co.uk/hi/english/sci/tech/specials/sheffield_99/newsid_446000/446837.stm

- **サルとクラゲの結婚**

『Le Figaro Magasine』1999年12月24日号

〈最新技術〉

- **光の速度**

http://www.sciencedaily.com/releases/1999/10/991005114024.htm

http://news.bbc.co.uk/hi/english/sci/tech/newsid_655000/65

● **不死への道**
http://www.sciencedaily.com/releases/1999/08/990831080844.htm
http://groups.yahoo.com/group/rael-science-select/message/552
http://groups.yahoo.com/group/rael-science-select/message/627

● **例外的に長寿の突然変異マウス**
『Le Figaro Magasine』1999年11月19日号

● **殺人犯の脳**
http://groups.yahoo.com/group/rael-science-select/message/554

● **仮想植物**
http://news.bbc.co.uk/hi/english/sci/tech/newsid_771000/771145.stm

● **休眠中のニューロンの再活性化**
http://news.bbc.co.uk/hi/english/health/newsid_447000/447973.stm

● **骨と角膜の培養**
http://news.bbc.co.uk/hi/english/health/newsid_719000/719673.stm
http://groups.yahoo.com/group/rael-science-select/message/585?

〈遺伝子組み替え生物〉

● **導入**
http://groups.yahoo.com/group/rael-science-select/message/440
http://news.bbc.co.uk/hi/english/sci/tech/newsid_482000/482467.stm

http://groups.yahoo.com/group/rael-science-select/message/420

● 早期老化は存在しない
http://groups.yahoo.com/group/rael-science-select/message/677

● 遺伝子コードを保存する
http://www.humancloning.org/dnaaustralia.htm
http://www.savingsandclone.com/

● 新技術により複製された4匹の日本の仔牛
『Le Figaro Magazine』2000年1月5日号

● クローン牛を夕食にいかが?
http://abcnews.go.com/sections/science/DailyNews/clone_beef990909.html

〈生物学上の発見〉

● 人が創造する…
http://abcnews.go.com/sections/living/Bioethics/bioethics_21.html
http://news.bbc.co.uk/hi/english/sci/tech/specials/anaheim_99/newsid_262000/262025.stm
http://groups.yahoo.com/group/rael-science-select/message/609

● ヒトゲノムの解読。作業完了!
http://groups.yahoo.com/group/rael-science-select/message/656
http://news.bbc.co.uk/hi/english/sci/tech/specials/anaheim_99/newsid_262000/262025.stm
http://groups.yahoo.com/group/rael-science-select/message/609

ラエルサイエンスをご購読ください。
rael-science-select-subscribe@yahoogroups.com
rael-science-francais-subscribe@yahoogroups.com

参 照

〈クローニングの発展〉

● ヒト・クローニング
http://www.humancloning.org/firsthumanclone.htm

● ノアの箱舟
http://groups.yahoo.com/group/rael-science-select/message/686

● 英国がヒト・クローニングを容認
http://groups.yahoo.com/group/rael-science-select/message/655

● クローニングのスターたち
http://news.bbc.co.uk/low/english/sci/tech/newsid_437000/437391.stm
http://dailynews.muzi.com/cgi/lateline/news.cgi?p=62546&l=english&
http://seattlep-i.nwsource.com/national/pigs15.shtml
http://groups.yahoo.com/group/rael-science-select/message/649

● 死人を生き返らせる
http://www.discovery.com/exp/mammoth/990911dispatch.html

USA

USA Raelian Movement
B.O. Box 630368
North Miami Beach,
FL 33163 Florida

VENEZUELA

Movimiento Raeliano Venezolano
Segunda Calle # 71, Urbanizacion
El Rincon, Segunda Sabana,
Bocona
Trujillo

ZIMBABWE

Zimbabwe Raelian Movement
P.O. Box 666
Zengeza, Chitungwiza

PHILIPPINE

Philippine Raelian Movement
UP Box241
University of the Philippines
Diliman, Quezon City
Philippine 1101
Kingnamo@hotmail.com

POLAND

Religia Raelianska w Polsce
c/o Iwona Adamczak
Skr. Poczt. 555
00-950 Warszawa 1

PORTUGAL

Movimento Raeliano Portugues
Apartado Postal 2715
1118 Lisboa Codex

SLOVAKIA

Raelske Hnutie na Slovensku
Apartado Postal 2715
1118 Lisboa Codex

SLOVENIA

Raeljansko Gibanje Slovenije
Vojkovo nab. 23
6000 Koper
raeljansko.drustvo@iname.com

SOUTH AFRICA

South African Raelian Religion
P.O. Box 1572
Boksburg 1460
Republic of South Africa

SPAIN

Religion Raeliana España
Aptdo de Correos n° 23041
28080 Madrid
Rael_espana@hotmail.com

SWEDEN

Raeliska religionen
BP 1026
10138 Stockholm
raeliska_religionen@yahoo.com

SWITZERLAND

Religion Raëlienne Suisse
Case postale 176
1926 Fully
office.ch@rael.org

TAIWAN

Taiwan Raelian Movement
P.O. Box 84-686
Taipei
Taiwan

TCHAD

Religion Raëlienne de Tchad
ASECNA B.P. 5629
N'Djamena,
reacen@intel.td

THAILAND

Thai Raelian Movement
c/o Sung Hyuk RHIM
P.O. Box 1556
Bangkok Post Office 10500

TOGO

Religion Raëlienne du Togo
Rita Amétépé Responsable
B.P. 1476
Lomé

ISRAEL

Israeli Raelian Movement
P.O. Box 27244
Tel Aviv - Jaffa 61272
rael_org@netvision.net.il

ITALY

Religione Raeliana
CP202
33170 Pordenone

IVORY COAST

Religion Raëlienne de Côte d'Ivoire
05BP1444
Abidjan 05
boniyves@hotmail.com

JAPAN

Japanese Raelian Movement
Miki-Biru 401
Shibuya 2-12-12, Shibuya-ku
Tokyo, Japan 150-0002
hideaki6@rr.iij4u.or.jp

KOREA

Korean Raelian Movement
K.P.O. Box 399
Seoul
Korea 110-603
itanol@nuri.net

MARTINIQUE

Mouvement Raëlien Martiniquais
BP 4058 TSV
97254 Fort-de-France Cédex

MAURITIUS ISLANDS

Religion Raëlienne de l'Ile Maurice
4 Robinson Lane
Phoenix
Fraaug@intnet.mu

MEXICO

San Pablo
Tepetlapa N° 56-4
Ampl. San Francisco Culhuacan
04470 Mexico D.F.
nortoral@dfl.telmex.net.mx

NEPAL

Nepalese Raelian Movement
G.P.O. Box 10857
Kathmandu Nepal
itanol@nuri.net

NEW ZEALAND

New Zealand Raelian Movement
P.O. Box 1744
Shortland Street
Auckland

PANAMA

Movimiento Raeliano de Panama
Aeropuerto int'i de Tocumen
Zona Posta # 14 Panama
panamamx@pty-co.PA.DHL.COM

PARAGUAY

Movimiento Raeliano del Paraguay
Olivia 1019 Edif-lider V
Piso 15, Officina 151
Asuncion

PERU

Movimiento Raeliano del Peruano
Guia Nacional
Avenida Benavides 955 #
Miraflores, Lima,

\# 3000 Medellin
raelcolombia@city.net.com

CONGO

Religion Raëlienne du Congo
B.P 2872
Kinshava 1
malukisa@yahoo.fr

ECUADOR

Movimiento Raeliano de Ecuador
Imbabura 19-25 y Carchi
Quito

FRANCE

Religion Raëlienne de France
BP 26
75660 Paris Cedex 14

GABON

Religion Raëlienne du Gabon
B.P. 22171
Libreville
jr.ogoula@voilà.fr

GERMANY

Raelistische Religion
Postfach 1252
79372 Muellheim

GREECE

Greek Raelian Movement
Nea Egnatia Str.
54644 Thessaloniki

GUADELOUPE

Religion Raëlienne de Guadeloupe
BP 3105 Raizet Sud
97139 Abymes

ffd971@mediasev.net

HAWAII USA

Hawaiian Raelian Movement
P.O. Box 278
KAILUA, HI 96734

HOLLAND

Raeliaanse Religie Nederland
Postbus 10662
2501 HR. DEN HAAG

HONG KONG

Hong Kong Raelian Movement
c/o Japanese Raelian Movement
Miki-Biru 401
Shibuya 2-12-12, Shibuya-ku
Tokyo, Japan 150-0002
hideaki6@rr.iij4u.or.jp

INDIA

Indian Raelian Movement
c/o P.O.Box No.2058
Kalbadevi Head Post Office
Mumbai 400002
indianraelianmovement@yahoo.com

IRAN

Iranian Raelian Movement
P.O. Box 56
Station D
Toronto, Ontario M6P 3J5, Canada

IRELAND

Irish Raelian Movement
P.O. Box 2680
Dublin 7
daveglynn@usa.net

各国の「ラエリアン・ムーブメント」の連絡先

(57AH/2002年9月現在)

ARGENTINA
Movimiento Raeliano de Argentina
Suipacha No.645
6620 Chivilcoy
Procincia de Buenos Aires

AUSTRALIA
Australian Raelian Movement
G.P.O. Box 2397
Sydney, N.S.W. 2001
australia@rael.org

BELGIUM
Religion Raëlienne de Belgique
P.O. Box 2065
2600 Antwerpen/Berchem
raelbe@nirvanet.net

BENIN
Religion Raëlienne de Bénin
02 BP 1179
Cotonou
givam@yahoo.com

BOLIVIA
Movimiento Raeliano Boliviano
Casilla 1341
Santa Cruz

BRAZIL
Movimiento Raeliano Brasileiro
Caixa Postal 9044
CEP 22272-970
Rio de Janeipo - RJ
raelbrasil@starmedia.com

BRITAIN
Raelian Religion
BCM Minstrel
GB-London WC1N3XX
e.bolou@virgin.net

BURKINA-FASO
Religion Raëlienne du Burkina Faso
DOUANIO Manaka
B.P. 883
Bobodioulasso 01
raelburkina@hotmail.com

CANADA
Eglise Raëlienne du Canada
Case postale 86
Succursale Youville
Montreal (QC) H2P 2V2

CHILE
Movimiento Raeliano Chileno
Casilla 390
Centro Casilla
Santiago de Chile

CHINA
c/o Japanese Raelian Movement
Miki-Biru 401
Shibuya 2-12-12, Shibuya-ku
Tokyo, Japan 150-0002
wuxian@mbh.nifty.com

COLOMBIA
Movimiento Raeliano Colombiano
Apartado Aereo

Welcome to
ラエリアン・ムーブメント!!

人類が未来の「楽園」を迎えられるために、
地球上で最も進んだ哲学を実践している
100パーセント非営利の国際ボランティア団体です。

www.rael.org
www.clonaid.com
www.subversions.com
www.ufoland.com

本書に関連する選り抜きの科学ニュース「rael-science」が、メール配信で購読できます。ご希望の方は、空のメールを下記アドレスまで送って下さい（メールの内容は重要ではなく、送信者のアドレスのみが重要です）。

● 英語版
rael-science select subscribe@yahoogroups.com

● フランス語版（英語版と内容が同じとは限りません）
rael-science-francais-subscribe@yahoogroups.com

☆☆☆★☆☆☆

日本ラエリアン・ムーブメント

東京都渋谷区渋谷 2-12-12 三貴ビル401／〒150-0002
TEL.03-3498-0098　FAX.03-3486-9354

● 受付／TEL＝平日の月～金曜日10時～17時　FAX＝常時24時間
（当所はボランティア運営のため、直接のご訪問はご遠慮下さい）

著者・近影

読者の皆様へ

本書の発売元「有限会社　無限堂」は移転を行いました。
お問合せは下記までお願い致します。

●発売元…有限会社 無限堂
〒289-2311　千葉県香取郡多古町本三倉 640-A1
　　(有)無限堂

TEL:0479-74-8006　FAX:0479-74-8007
(月曜日〜金曜日までの 10 時〜17 時。FAX は 24 時間受付)
http://www.mugendo.co.jp/

●発行元…日本ラエリアン・ムーブメント
〒289-2311　千葉県香取郡多古町本三倉 640-A1
TEL:0479-75-8030　FAX:0479-74-8007
(月曜日〜金曜日までの 10 時〜17 時。FAX は 24 時間受付)
https://www.ufolove.jp/

MUGENDO

MUGENDO

★ラエルの著書&関連本のご案内★

ここにご紹介する本は、本書『クローン人間にYes!』をさらに深く理解して頂くための必読書です。

これらの本には、「未来を生きる人々」が、ラエルを通して地球人に伝えた、とても重大なメッセージが述べられています。

真実を告げる書
「異星人からのメッセージ」 ●ラエル著

B6判・326頁 ●本体1524円+税 ISBN4-900480-23-1

**1973年12月13日、ラエルが
異星人「エロヒム」とのコンタクトで明かされた驚くべき真実。
人類を含む地球上のすべての生命は、
エロヒムが完璧なDNAテクノロジーを駆使して、
100パーセント科学的に創造した!**

**これは夢物語りではない。
人類もやがては、その科学的段階に到達する!**

MUGENDO

異星人を迎えよう
「彼らが実験室で人間を創造した」●ラエル著

B6判・215頁 ●本体1181円+税　ISBN4-900480-03-7

『真実を告げる書』の読者から寄せられた様々な質問や疑問に対し、さらに深く説明を加えた「Q&A」。さらに、1975年のラエルの「不死の惑星への旅」の後、3年間が経たなければ公開を禁じられていた新たなエロヒム・メッセージが、驚くべき内容でついに明かされる！

異星人エロヒムを迎える「大使館」のモデル

MUGENDO

ハーモニー・メディテーション
「アルファ波を超えた新感覚トレーニング」 ●ラエル著

B6判・175頁 ●本体1276円+税　ISBN4-900480-13-4

　人間を科学的に創造したエロヒムが、愛する人間のためにラエルを通して伝授した、最もカンタンで最も効果のある科学的瞑想法。無限の宇宙と調和し、「静けさのある意識」を保ちながら幸福で充実した人生を送るには、先ずあなたの肉体を覚醒させてから、次いで意識の覚醒へ至ることが必須条件！

MUGENDO

天才たちに権力を!!
「天才政治」
●ラエル著

B6判上製・195頁 ●本体2857円+税　ISBN4-900480-12-6

完全民主主義は最上のものではない。全細胞が命令を下すような体では生存できないのと同じである。知性の高い人々のみが、人類全体に関する決定を行えるようにすべきである。知性に権力を与える「天才政治」に基づく世界政府の実現こそが、人類に残された最後の選択肢!

ラエル　関連本
「その教えの精神的・肉体的効果の分析」
ダニエル・シャボット著

B6判・196頁 ●本体1429円+税

人間の肉体と精神はどう関わり合っているのか? 愛と調和を育むラエルの教えは、個人の発展と社会の変化にどのような利益をもたらすのか? 心理学教授である著者が自らの実践と最新の科学的フィルターを通して、その有益性を検証する。　ISBN4-900480-20-7

MUGENDO

フランスの偽善
「フランス政府による驚くべき人権無視の実態!」

ラエル著 B6判上製・291頁 ●**本体1714円+税**

　執拗に繰り返される人種差別と人権侵害。宗教・哲学上の少数派に対する国家規模の謀略は、国際社会から批判を浴びている。洗練されたイメージのフランスが抱える忌まわしい恥部を、著者の体験も踏まえて問題提起した告発の書。

ISBN4-900480-19-3

無限堂 http://www.mugendo.co.jp/
東京都渋谷区渋谷2-12-12 三貴ビル401／〒150-0002
TEL.03-3486-6441／FAX.03-3486-9354

●受付／TEL＝平日の月～金曜日10時～17時　FAX＝常時24時間